KİLİSE ÜYELİĞİ

DÜNYA İSA'YI KİMİN TEMSİL ETTİĞİNİ NASIL ANLAR?

JONATHAN LEEMAN

KARANLIKTAN
IŞIĞA YAYINLARI

Davutpaşa Cad. Kazım Dinçol San. Sit.
No: 81/87 Topkapı, İstanbul – Türkiye
info@karanliktanisiga.com
www.karanliktanisiga.com
www.9marks.org
Tel: (0212) 567 89 93

Kitap: Kilise Üyeliği
Özgün Adı: Church Membership
Yazar: Jonathan Leeman
Çevirmen: Ali Can Demir
Mizanpaj: Aysun Alsancak

Bu kitabın düzeltme işlemleri Karanlıktan Işığıya Yayınları tarafından yapılmıştır.

9Marks ISBN: 978-1-958168-04-2
T.C. Kültür ve Turizm Bakanlığı Sertifika No: 52351

Baskı: Anadolu Ofset – Tel: (0212) 567 89 92
Davutpaşa Cad. Kazım Dinçol San. Sit.
No: 81/87 Topkapı, İstanbul – Türkiye
Mart 2022

"Birçok mezhepten kilise önderi bu kısa kitabın, bugün kültürümüzdeki Hristiyanları kilise üyeliğine, önder yetkisine, yaşamlarının hesabını verme sorumluluğuna ve kişisel özgürlüklerinin sınırlarına karşı sahip oldukları alerjiden kurtarmamıza yardımcı olacak uygulamalı fikirler ve sağlam argümanlarla dolu olduğunu görecektir."

Tim Keller, Baş Pastör, Redeemer Presbiteryen Kilisesi, New York

"Kısa, yepyeni, eğlenceli ve her şeyden önce Kutsal Kitap'a uygun. Bu kitap, kilise üyeliğiyle ilgili aradığınız açıklama ve savunmadır."

Mark Dever, Baş Pastör, Capitol Hill Baptist Kilisesi, Washington, DC

"Pratik. İkna edici. Kutsal Kitap'a sadık. Leeman bize kilise üyeliğinin bir seçim değil, bir zorunluluk olduğunu hatırlatıyor. Kitap vurucu ve kışkırtıcı ama aynı zamanda lütuf Müjdesi'yle dolu.

Thomas Schreiner, Yeni Antlaşma Yorumu James Buchanan Harrison Öğretim Üyesi, The Southern Baptist Theological Seminary

"İnsanların kiliseyle olan ilişkileri ve kiliseye yönelik kararları konusunda, kiliseye bir restoranmış gibi yaklaştıkları bir çağda yaşıyoruz. Tüketici toplum içerisinde düştüğümüz uykudan uyanmaya çok fazla ihtiyacımız var. Bu kitap, kilise tüketicilerinin Müjde katılımcılarına dönüşmeleri için gerekli olan uyanma çağrısıdır."

Darrin Patrick, Pastör, The Journey, St. Louis, Missouri; Yazar, *For the City and Church Planter*

SAĞLIKLI KİLİSELER İNŞA ETMEK

KİLİSE ÜYELİĞİ

DÜNYA İSA'YI
KİMİN TEMSİL
ETTİĞİNİ NASIL
ANLAR

JONATHAN LEEMAN

Önsöz, Michael Horton

KARANLIKTAN
IŞIĞA YAYINLARI

İÇİNDEKİLER

Capitol Hill Baptist Kilisesi'nin
geçmiş ve mevcut üyelerine

SERİYE DAİR ÖNSÖZ

Sağlıklı bir kilise inşa etmeye yardımcı olmanın sizin sorumluluğunuz olduğuna inanıyor musunuz? Eğer bir Hristiyan'sanız, biz öyle olduğuna inanıyoruz. İsa size öğrenciler yetiştirmenizi buyurur (Mat. 28:18–20). Yahuda kendinizi imanınızın temeli üzerinde geliştirmenizi söyler (Yah. 20-21). Petrus sizi armağanlarınızı başkalarına hizmet etmek için kullanmaya çağırır (1.Pe. 4:10). Pavlus kilisenizin olgunlaşmasını sağlamak için sevgide gerçeği söylemenizi söyler (Ef. 4:13, 15). Bu sorumluluğu nereden aldığımızı görüyor musunuz?

İster bir kilise üyesi, isterse de önder olun, Sağlıklı Kiliseler İnşa Etmek adlı kitap serisi, Kutsal Kitap'ın bu tür buyruklarını yerine getirmenize ve böylece sağlıklı bir kilise inşa etmede üstünüze düşen rolü oynamanıza yardımcı olmayı amaçlamaktadır. Bunu söylemenin bir başka olası yolu da şu ki, bu kitapların sizin kilisenizi, İsa'nın onu sevdiği gibi sevme noktasında büyümenize yardımcı olacağını umuyoruz.

9Marks Hizmetleri, Mark Dever'ın sağlıklı bir kilisenin dokuz işareti olarak adlandırdığı maddelerin her biri üzerine kısa, okunabilir bir kitap ve bir de sağlam öğreti üzerine bir kitap çıkarmayı planlıyor. Açıklayıcı vaaz, Kutsal Kitap teolojisi, Müjde, Mesih'e dönme, müjdeleme, kilise üyeliği, kilise disiplini, öğrenci yetiştirme, büyüme ve kilise önderliğiyle ilgili kitapların takipçisi olun.

Yerel kiliseler, Tanrı'nın yüceliğini uluslara sergilemek için vardır. Bunu, gözlerimizi İsa Mesih'in Müjdesi'ne odaklayarak, kurtuluş için sadece O'na güvenerek ve sonra Tanrı'nın kendi kutsallığı, birliği ve sevgisiyle birbirimizi severek yaparız. Elinizde tuttuğunuz kitabın bu yolda yardımcı olması için dua ediyoruz.

Umutla,
Mark Dever ve Jonathan Leeman
Seri editörleri

ÖNSÖZ

"Beni rahatsız eden kısımlar, Kutsal Kitap'ın anlayamadığım kısımları değil", demiştir Mark Twain iğneleyerek, "anladığım kısımlar beni rahatsız ediyor." Maalesef, Twain'in bu yorumu, özellikle de kilise üyelerinin sorumluluklarına ilişkin Kutsal Kitap ayetleri söz konusu olduğunda, "Kutsal Kitap'a inanan" birçok Hristiyan için de söylenebilir.

Batı kültürünün bizi nasıl etkilediğini düşünün. Film yıldızı John Wayne, bir kilise binası altında bulunana kadar Tanrı'yı sevdiğini söylemesiyle anlatılır. Şarkıcılarımız şöyle mırıldanırlar: "Beni çevirme çitlerle!" ve "Bildiğim gibi yaptım!" Ayrıca reklamlar da açık açık narsistik yönlerimize yanaşırlar: "İstediğiniz gibi yapın" ve "Direksiyonda olan sizsiniz." Havada uçuşan tüm bu söylemlerle birlikte, ait olmanın, yani arkadaşlıklara, evliliklere, iş yerine ve kesinlikle de kiliseye ait olmanın getirdiği sorumlulukları istemeyip, yalnızca bunların getirdiği yararları istemek kolaydır.

Kısmen, bu şekilde kendi kendilerini yaratan, kendi kanatlarıyla uçan bireylerin resmedilmesi, bizi de kurumlara karşı şüpheci yapmıştır. Ayrıca, herkesin kulağına giden büyük skandalların art arda sıralanması, bunun yanında kin politikaları, kişisellikten ve etkililikten uzak bürokrasiler ve tutulmayan sözler de, toplumun liderlere ve kurumlara olan güvenini sarsmıştır. Kilisede yetişmiş insanlar bile, Mesih'in çobanları olduğunu iddia eden insanlar tarafından yarı yolda bırakılmış, yaralanmış ve suistimal edilmiştir.

Ancak suçlanacak olan tek taraf yalnızca kilise dışındaki taraflar değil. Müjdeci akımın büyük bir kısmı bir tür dindarlık içerisine girmiş, İsa'yla olan kişisel ilişkiyi doğrudan görünen kiliseyle ve hizmetle karşı karşıya bırakmıştır. Kısmen, bunun sebebi Müjdeci akım içerisindeki kişilerin göstermelik adanmışlıktan ve resmiyetten uzak durmak istemeleridir ve bunlar uzak durulması gereken şeylerdir de. Ancak bu süreçte, resmi kilise ofislerini ve lütfun olağan araçlarını –özellikle de on dokuzuncu yüzyıldaki İkinci Büyük Uyanış'tan sonra– bir kenara koyup, bunlar yerine karizmatik liderleri ve olağandışı akımları tercih etmeye meyletmişizdir. "Hızlı ve kolay", "denenmiş ve test edilmiş" olanı kapı dışarı etmiştir. Lütufta ağır ağır büyümek yerine, sayıca hızlı bir şekilde büyümek daha önemli görülmüştür. Başarının anahtarı resmi yapılar yerine, pragmatik sonuçlar olarak görülmüştür. Bu yolda da, birçoğumuz Müjdeci akımın şu vurgusuyla yetiştirildik: "Sana kiliseye üye olmanı söylemiyorum; İsa'yı kişisel Rabbin ve Kurtarıcın olarak kabul etmeni söylüyorum."

Bu tür akımların başarılı eylemlerinden sonra, "kurtulma"nın kiliseye üye olmakla pek de alakalı görülmemesi şaşırtıcı değildir. Hatta şu anda, kilise üyeliğini resmin tümüyle dışarı çıkaran Müjdeci akımlar bile mevcuttur. İster görünün, ister görünmeyin demektedirler. Müjdeci akım içerisindeki bir önder "Devrim Yaratanlar" olarak adlandırdığı, bir şekilde kilise olmanın kiliseye üye olmak anlamına gelmediğine karar kılmış kişilerin kutlamasını yapmaktadır. Aksine, bu devrim yaratanlar kendi ruhsal kaynaklarını internette ve gayri resmi toplanmalarda bulmaktadırlar.

Sonra da Jonathan Leeman gelir ve bize yalnızca kenara itmiş olduğumuz metinleri hatırlatmakla kalmaz, aynı zamanda şu gibi şeyleri söyleyecek cesareti de gösterir: "Mesih bizi bir kiliseye katılmaya değil, bir kiliseye teslim olmaya çağırmaktadır." Kilise izciler birliği veya çevreciler kuruluşu gibi bir başka gönüllü cemiyeti değildir. Mesih'in krallığının elçiliğidir ve krallar, insanların isterlerse kabul edecekleri, istemezlerse de kabul etmeyecekleri öneriler, ürünler veya kaynaklar sunmazlar.

Leeman, yasa tanımaz bireycilik ve yasacı otoriterlik arasında bir denge bulmaktadır ve günümüz Hristiyanlarının ona ciddi anlamda kulak vermeye ihtiyaçları vardır. Leeman bizlere, Mesih'in kral olmasının bu iki aşırı uca karşı panzehir olduğunu göstermektedir. Mesih bizleri kurtarabilmek için yönetmekte ve bizleri yönetebilmek için kurtarmaktadır. Bu çağın hükümdarlarının aksine, İsa bizlere O'nun imparatorluğu için kendi kanımızı dökmemizi söylemez. Aksine, O kendi toprakları için kendi canını vermiştir. Sonrasında yeni yaratılışın başlangıcı olarak yücelikle dirilmiş ve şimdi de, O'na ait oldukları için aynı zamanda birbirlerine ait olan ortak mirasçıları kendi krallığına toplamaktadır. Mesih'in krallığını yeryüzünde bulacağınız yer, görünen kilisedir ve krallığı takmamak, bu krallığın Kralı'nı takmamaktadır.

Bazı okuyucuların kilise üyeliğinin Kutsal Kitap'taki gerekliliği –ve de bereketi– konusunda ikna olmaya ihtiyaçları vardır. Diğerleriyse hâlihazırda ikna olmuş olarak, teorinin kilise yaşamında nasıl pratiğe dökülebileceğini merak ediyorlardır. Üyeliğin kriterleri nelerdir ve pastörler olarak nasıl hassas ve meşru bir şekilde "yargısal kararlar" alacağız? Özellikle de disiplinin hem öğretide hem de yaşamda gerektiği durumlarda, sonuçlar ne olur? Hizmet pozisyonlarındaki yetkilerini uygulamaya koyan görevlilerin sınırları ve de sorumlulukları nelerdir? Bunlar büyük sorulardır. Yazar da burada gerçeklere değinmeyip bulutlarda gezinmek yerine, Kutsal Kitap argümanlarını öne sürerek bu gündelik meselelere ayak basmaktadır.

Sonunda hemfikir olun veya olmayın, Leeman burada öyle yoğun bir Kutsal Kitap bilgeliği sunuyor ki, herhangi bir Hristiyan'ın bunları kolaylıkla gözardı edebilmesi oldukça zordur. Bir Baptist olmadığım için, yazılan her şeye katılamıyorum! Ama kilise üyeliğine ilişkin öne sürülen temel argümanlar karşısında, kendimi tüm yüreğimle "Amin" diye haykırır şekilde buluyorum. Daha da önemlisi, İyi Çoban'ın muhteşem sağlayışı karşısında kendimi bir kez daha sevinç içerisinde buldum. Nitekim O, kendi koyunlarını kurtarmakla kalmamış, aynı zamanda onları sonuna kadar besleme ve yönlendirmenin yolunu da sağlamıştır.

Michael Horton
Sistematik Teoloji ve İnanç Savunması
J. Gresham Machen Öğretim Üyesi
Westminster Seminary, Kaliforniya

GİRİŞ

Sandığımızdan Daha Önemli Bir Şey

Aslında kilise üyeliğiyle ilgili bir kitap okumayı pek istemiyorsunuz. Bunu anlıyorum. Belki de bu kitabı biri size verdi. Belki de siz bu kitabın başkaları için faydalı bir kaynak olup olmayacağını merak ediyorsunuz. Ama dürüst olmak gerekirse, kilise üyeliği konusunun aşırı bir ilgi çekiciliği yok. Hristiyan oldunuz ve bir kiliseye katıldınız. Hemen hemen durum böyle, değil mi?

Bazen kilise üyeliği, üyelik öncesi dersler ve görüşme gibi programlamaya dayalı unsurları içerir ve konu, Rab'bin Sofrası ve vaftiz gibi konularla da iç içe geçer. Ancak bunların ötesinde, tartışılacak çok şey var mıdır?

Katılmakta olduğum kiliseye üye olmam bana ilk defa söylendiğinde, bununla ilgili çok güçlü bir tepkim veya hissiyatım yoktu. Acaba bu fikre biraz karşı mıydım? Tam olarak hatırlamıyorum. Hatırladıklarım şöyle: Kiliseye üye olmak, kilisenin sahip olduğu "erkek yurdu"na ucuz bir kirayla taşınıp, iyi bir mahallede oturabilmemi sağlayacaktı. Ben de üye oldum. Hayır, üyelik görüşmemde pastörüme bu sebebi anlatmadım. Sormadılar.

Yine de üyelikle ilgili fikrim, bunun geçici ve basit bir mesele olduğuydu. Çok da önemli değildi. Siz ne düşünüyorsunuz: Kilise üyeliği önemli bir konu mudur, yoksa değil midir?

Kilise üyeliğinin önemli olduğunu söyleyen bir kısım insan olduğu gibi, bunun sadece bir seçenek olduğunu söyleyenler de vardır. Ama öyle varsayıyorum ki, Hristiyanların çoğu bu iki ucun arasında bir yerdedir. Hristiyanların bir kiliseye ait olmaları gerektiğine dair belli belirsiz bir anlayışa sahiptirler. Ancak aynı zamanda, bunun dünyadaki en önemli konu olmadığını, bu nedenle bunu çok da büyütmememiz gerektiğini söylerler. Eğer Hristiyanlar birkaç yıl boyunca kiliseden kiliseye gezerlerse veya bir kiliseye üye olmadan o kiliseye ömür boyu katılmaya karar verirlerse, bu da kabul edilebilir bir şeydir.

Bu ortalarda gezinen kalabalığın bir üyesiyseniz, bu kitabı sizin için yazıyorum. Bu kitabı birincil olarak kilise üyeliğine şüpheci yaklaşan kişiler için *yazmıyorum* ancak siz böyleyseniz, bu kitap size de yardımcı olabilir. Bu kitabı, kiliseye giden ortalama kişi, kilise üyesi ve bu konuyla ilgili insanlarla mücadele eden kilise önderleri için yazıyorum. Bunun neden bu kadar önemli bir konu olduğu hakkında emin değilsinizdir ama yine de, tamam, üye olalım dersiniz.

Hedefimde olan sizlersiniz. Sormanız gereken ama sormadığınız bir soruyu cevaplamak istiyorum.

Birincil hedefim, *kilise üyeliğinin* ne olduğunu göstermektir çünkü bu, düşündüğünüz şey değildir. Bunu savunmayacağım. En azından doğrudan bir savunma sunmayacağım. Kilise üyeliğine dair bir bakış sunacağım ve tahminimse şöyle: Kutsal Kitap'ın kilise üyeliğiyle ilgili anlayışını kavrarsanız, bu sizin Hristiyanlığınızın şeklini değiştirebilir.

Kutsal Kitap'ta üyelik, çarpıcı bir gerçektir. Az da olsa meraklanmıyor musunuz? Belki de bunun Kutsal Kitap'ta olduğuna bile ikna olmadınız, değil mi?

1

ŞİMDİYE KADAR TAMAMEN YANLIŞ BİR YAKLAŞIMA SAHİP OLDUK

İmperium. Bu kelimeyi yakın zamanda keşfettim. Arkadaşlarınızla kahve içip konuşurken kullanacağınız bir kelime değil. Sosyal açıdan çok uygun görünmüyor. Sanki kulağa gereğinden fazla zeki görünmeye çalışan on üç yaşında bir çocuk gibi oluyorsunuz. Ancak bence bu kullanışlı bir kelime.

İmperium kelimesi, kahve içerken yapılan konuşmalarda duyabilmenizin mümkün olduğu *emperyal* kelimesinin, sıfattan isme dönüştürülmüş halidir. Bu kelime üstün güç veya mutlak hakimiyet bildirir ve bir toplumdaki en sorumlu mevki anlamına gelir. Bütün yetkililerin kendisine hesap verdiği otorite kimdir? Hiçbir tehditle karşılaşmadan, iş tanımında olduğundan ötürü insanların kellelerini kelimenin tam anlamıyla uçurabilen kimdir? İmperium sahibidir.

İmperium, Sezar'ın Roma'da sahip olduğu ve Orta Çağ'da "Tez kellesini vurun!" diyen kralların sahip olduğu şeydir. Modern zamanlardaysa, devletin imperium sahibi olduğunu söyleyebiliriz. Devletin üstünde bir güç yoktur. Mevkilerin sonu orasıdır. Ölüm ve yaşam üzerinde karar verme gücü, yani kılıcın gücü, sadece devlete aittir.

Bu yüzden eğer bir iş kurmak veya okul açmak isterseniz, devletten izin almanız gerekir. Aynısı bir futbol kulübü, bir sendika veya bir hayır kurumu için de geçerlidir. Bu kurumlar devletin izniyle var olur ve devlet düzenlemesine tabidir. Bunların yönetim üzerinde tahakkümü yoktur. İmperium onlarda değildir.

Peki ya yerel kiliseler? Onlar da devletin izniyle mi var olmaktadır? Bu nokta bizi ilginç bir konuya getiriyor. Hatta bu konu, yerel kilise ve üyelikle ilgili şu anda sahip olduğunuz fikirleri alt üst edebilir.

İMPERİUM İSA'NINDIR

Batılı toplumlardaki çoğu kişi, kiliseyi futbol kulüpleri ve hayır kurumlarıyla aynı kategoriye dahil eder. Kiliseler sanki gönüllü olmakla alakalı bir yerdir, deriz.

Bir başka şekilse, kiliselere bir hizmet sağlayıcı, ruhumuzun bakımını yapan bir tamirci veya ruhsal depomuzu dolduran bir benzin istasyonu gibi bakmamızdır.

Ama devletin izniyle var olan yerel kilise kulüpleri veya hizmet sağlayıcıları, toprak sahibinin merhametine muhtaç olan bir diğer kurum mudur sadece?

Hristiyan bir birey olarak devlet yetkisine teslim olmanız gerektiği doğrudur. Ancak şunu hatırlamalıyız ki, yönetimler Tanrı'nın "hizmetkârı"dır ve Tanrı'ya yargı vermesinde "hizmet" etmektedir (Rom. 13:4). Evet, "kılıç" devlettedir ama bunu Tanrı'nın iradesiyle yapar.

Kiliselerin, binalarla ilgili düzenlemeler (binası varsa) veya maaş ödedikleri çalışanları için ödenecek vergiler gibi (maaşlı çalışanları varsa), bulundukları yerin yasalarına uyması gerektiği de doğrudur. Bu anlamda, kiliseler diğer her türlü ticari işletme ve organizasyon gibidir.

Aynı zamanda, Hristiyanların aklında kesinlikle net bir şekilde bulunması gereken bir şey daha var: Yerel kilise, devletin izniyle var olmamaktadır. Kilise, İsa'nın açık yetkisi aracılığıyla vardır. Nihayetinde, imperium İsa'dadır, devlette değil.

Hristiyan olmak şunu bilmek demektir: İsa en nihai mevkidir. İsa, diğer bütün yetkililerin hesap verdiği otoritedir. İsa ulusları ve devletleri yargılayacaktır. Yaşam ve ölüm konusunda nihai söz sahibi O'dur. Yönetimler İsa'nın izniyle vardır, tersi değil. Yönetimler tabii ki bunu genelde kabul etmez. Ancak kiliseler bunun gerçek olduğunu bilir (Yuh. 19:11; Va. 1:5; 6:15–17).

Gökte ve yerde bütün yetki İsa'ya verilmiştir ve O kendi kilisesine uluslara yürüme yetkisini vermiştir. Kilisesi bu nedenle, durdurulamayan bir ordu gibi ilerler. Ulusların sınırları onu durduramaz. Cumhurbaşkanlarının ve başbakanların kararnameleri onu durduramaz. Cehennem kapıları bile onu yavaşlatamaz.

İmperium İsa'dadır.

DÜŞÜNME ŞEKLİMİZİ DEĞİŞTİRMELİYİZ

Devletin yetkisini gereğinden fazla büyük görmeye yöneldiğimiz durumlarda, İsa'nın imperium gerçeği bunu ortadan kaldırmalıdır. Devlet, O'nun özel bir yetki verdiği hizmetkârlarından sadece biridir.

Ancak İsa'nın imperium gerçeği, yerel kiliseyle ilgili görüşümüz üzerinde tam tersi bir etki yapmalı, yerel kiliseyle ilgili görüşümüzü yükseklere çıkarmalıdır. Yerel kilise de, İsa'nın hizmetkârlarından biridir ve O yerel kiliseye, Hristiyanlar olarak sizin ve benim kendi başımıza sahip olmadığımız bir yetki vermiştir. Bu gerçeğin, yerel kilisenin ne olduğu ve bir kilise üyesi olmanın ne demek olduğuyla ilgili köklü sonuçları vardır.

Eğer Batılı ülkelerden birinde yaşayan bir Hristiyan'sanız, büyük ihtimalle, kilisenizle ilgili düşünme şeklinizi ve onunla bağlantı kurma şeklinizi değiştirmeniz gerekecek. Kuvvetle muhtemel, kilisenizi gereğinden küçük görüyorsunuz. Onu küçümsüyorsunuz. Hristiyanlığınızı da yanlış şekillendiren bir biçimde, kilisenizi kafanızda yanlış bir şekle sokmuşsunuz.

Yerel kilise ve üyeleriyle ilgili, sanki bu ikisi tek bir şeymiş gibi konuşuyoruz ancak esasen öyle değildir. Bu, aile üyelerimize bakıp (baba, anne, çocuklar) hepsini ayrı birer şirket olarak ele almak gibidir. Şimdiyse ben gelip şunu diyorum: "Onlar şirketler değil, aileler! Onları farklı bir şekilde ele almalıyız."

Bu bölümde, vizyonu bir bütün olarak beş ana fikirle ortaya koyacağım. Her biri İsa'nın evrensel boyuttaki imperium gerçekliği üzerine kuruluyor. Sonrasındaysa, kitabın geri kalanında burada neden olacağım karışıklığı temizleyeceğim. Bunu gerekçelendirerek, detaylandırarak ve yaşama uygulayarak yapacağım.

Bir yerel kilisenin ne olmadığıyla başlayacağız. Eğer bir Hristiyan'sanız, yerel kilise bir kulüp değildir. Gönüllülerden oluşan, üyeliğin sadece bir seçenek olduğu bir organizasyon değildir. Dini şeylerden bahsedilen, ortak fikirlere sahip insanların birlikte her hafta konuşmak için buluştukları dostane bir grup da değildir.

Kilise, müşterilerin bütün yetkiye sahip olduğu bir hizmet sağlayıcısı da değildir. Kilisedeki Pazar ibadetleriyle ilgili konuşurken İngilizcede "servis" kavramını kullanmamız bu noktada komiktir (Evet, bunu ben de yapıyorum). Daha önce de söylediğim gibi, sanki insanlara sabah saat 11'de kilisenin otoparkına araçlarını park etmelerini ve "Altmış dakikada ruhunuzu düzene sokun" diyor gibiyiz.

Belki de yerel kiliseyle ilgili bu anlayışı, Protestanlığın vaazın ve ruhsal törenlerin yapıldığı yerle ilgili vurgusundan almış durumdayız. Belki de Batılı demokratik toplum, bizi kiliseleri gönüllülükle ilgili bir kurum gibi görmek üzere kandırmıştır. Belki de koca bir yüzyıl boyunca toplum olarak tüketici olmamızdan kaynaklanıyordur. Emin değilim. Ancak bu yanlış düşüncenin semptomları şöyledir:

• Hristiyanlar, bir kiliseye üye olmadan oraya süresiz olarak katılmanın iyi olduğunu düşünebiliyorlar;

• Hristiyanlar vaftiz olmayı üye olmaktan ayrı olarak düşünüyorlar;

• Hristiyanlar Rab'bin Sofrası'nı üye olmadan alıyorlar;[1]

• Hristiyanlar, Rab'bin Sofrası'nı kendi kişisel, mistik deneyimleri olarak görüyor, bunu bir bedende yaşama aşılanan kilise üyelerinin bir etkinliği olarak görmüyorlar;

• Hristiyanlar pazartesiden cumartesiye kadarki yaşamlarını diğer kutsalların yaşamlarıyla bütünleştirmiyorlar;

• Hristiyanlar ayda birkaç pazar günü veya daha da sık olarak kilise toplantısına katılmamayı bir alışkanlık haline getirebileceklerini varsayıyorlar;

• Hristiyanlar önemli yaşam kararları alırken (taşınma, terfi alma, eş seçme vb.), bunu bu kararların kilisedeki aile ilişkileri üzerindeki etkilerini göz önünde bulundurmadan veya kilisenin pastörlerinin ve diğer üyelerinin bilgeliğine danışmadan yapıyorlar;

• Hristiyanlar mesafe ve maliyet gibi faktörlerin kiliselerine hizmet etme kapasitelerini nasıl etkileyeceğine pek aldırış etmeden evler satın alıyor veya daireler kiralıyorlar;

• Hristiyanlar kiliselerinin diğer üyelerinin, hatta tanışmadıkları üyelerin hem ruhsal hem de fiziksel sağlığından kısmen sorumlu olduklarını fark etmiyorlar. Biri ağladığında, kendi başına ağlıyor. Biri sevindiğinde, kendi başına seviniyor.

Bu semptomların arkasındaki temel hastalık, itiraf etmeliyim ki benim de damarlarımda gezen bu hastalık, Hristiyan yaşamlarımızı kendi başımıza yürütebilme yetkisine sahip olduğumuz yanılgısıdır. Kiliseyi yalnızca işimize geldiği zaman resme dahil ediyoruz.

Yani, yerel kiliseyi, katılacağımız veya katılmayacağımız bir kulüp gibi görüyoruz. Bu varsayım, Hristiyan yaşamlarımızı bir şekilde, bir kiliseye *katılıyor* olsak bile, yerel kiliseden uzak yaşamamıza neden oluyor: "Tabii ki bir üyeyim ama Albuquerque'deki işe girip girmemeyle ilgili karar alırken neden kiliseye danışayım ki?"

Lütfen anlayın, kimseye ahkam kesmiyorum. Bunlar kültürel olarak benim de sahip olduğum içgüdüler. İtiraf ediyorum ki, ben de her şeyi kendi başıma yapmak istiyorum. Başkaları için sorumluluk almaktan kaçınmak istiyorum.

Ama bu, Kutsal Kitap'a uygun bir resim değildir. Bu gözlüğü acilen çıkarmamız ve yeni bir gözlük takmamız gerekiyor. Buna hazır mısınız?

YERYÜZÜNDEKİ EN YÜKSEK EGEMENLİK YETKİSİ

Yerel kilise nedir? Bu soruyu cevaplamak için birkaç şey söyleyeceğim ama şöyle başlamama izin verin: Yerel kilise İsa'nın bu dünyada sizin ve benim Hristiyan yaşamımızı resmi olarak onaylamak ve şekillendirmek için kurmuş olduğu yetki merciidir.

İsa devleti nasıl kurduysa (tayin ettiyse), yerel kiliseyi de kurmuştur. Kurumsal bir yetkisi vardır çünkü İsa, kiliseyi yetkiyle *kurmuştur*. Kilise ve devlet arasındaki ilişkiyle alakalı bir konuşmaya girmemek için burada elimden geleni yapacağım ama eğer kilise üyeliğiyle ilgili bakış açısını değiştiren bir konuşma yapacaksak, şunu anlamanız gerekiyor:

Kutsal Kitap dünya üzerindeki vatandaşlığınızla ilgili en yüksek yetkiyi nasıl ulusunuzun devletine vermişse, aynı şekilde İsa öğrenciliğiyle ve İsa Mesih'in mevcut ve vaade göre gelecek olan ulusundaki vatandaşlığınızla ilgili dünyadaki yetkiyi de yerel kiliseye vermiştir.

İsa kılıcın gücünü kendilerine vererek devleti tayin edip kurmuştur. Dar anlamda bu, devletin canınızı alabileceği anlamına gelir (Tanrı Sözü'nün yetkisi altında). Sonuçlarına bakacak olursak da bu, toplumda kimin birer vatandaş olarak kabul edileceği sorusu gibi temel toplumsal yapıları kurmak ve sürdürmek için gerekli icra mekanizmalarına sahip olduğu anlamına gelir.

Benzer şekilde, İsa ona "anahtarların gücü"nü* vererek yerel kiliseyi tayin edip kurmuştur. Dar anlamda bu, kilisenin bir kişiyi üyelikten çıkarabileceği anlamına gelir (Tanrı Sözü'nün yetkisi altında). Sonuçlarına bakacak olursak da bu, Tanrı egemenliğinde kimin birer vatandaş olarak kabul edileceği sorusu gibi egemenlik yaşamının temel yapılarını kurmak ve sürdürmek için gerekli icra mekanizmalarına sahip olduğu anlamına gelir.

DOĞRU ŞEYLERİ ARAMAK

Bu nedenle kiliseyi gönüllülerden oluşan bir grup gibi düşünmek yerine, bir egemenliğin (krallığın) ve ulusun vatandaşları gibi düşünmeye başlamalıyız. Şirketten aileye geçme örneğinde olduğu gibi, kategori değişikliğiyle ne kastettiğimi anlıyor musunuz?

---

* *Editörün notu: Yazar burada "anahtarların gücü" ifadesiyle, Matta 16:19 ve Matta 18:18'de geçen ayetlere gönderme yapmaktadır.*

KİLİSE ÜYELİĞİ

İnsanlar "Üyelik Kutsal Kitap'ın neresinde yazıyor?" diye sorduğu zaman, burada sorun onların katılacak bir kulüp gibi bir şey aramalarıdır çünkü üyelik, kulüplere dair bir kelimedir. Kulüpler, siyasi partiler ve sendikalar üyeliğe sahiptirler. Ancak üyelik kelimesini, ülkelerin vatandaşları veya yönetimlerle alakalı kullanmazsınız. "İngiltere'nin üyeleri ne durumda? Bugünlerde altmış milyona yakın üyeniz var, değil mi?" demezsiniz.

Kulüpler, ortak çıkarlar veya ilgi alanlarından başlar. Hizmet sağlayıcıları, ortak bir ihtiyaç veya istekten ortaya çıkar. Kiliseler bunların hepsine sahiptir ama bundan daha fazlası vardır: Halkının itaatini isteyen bir Kral vardır. Kilise şu gerçekle başlar: İsa, Kurtarıcı ve Rab'dir. Kendisine iman edecek ve O'nu izleyecek olan herkes için çarmıhta ölmüş olan bir kral vardır.

Bu, Kutsal Kitap'ın kilise üyeliği hakkında sizin tercihinizden farklı bir şekilde konuştuğu anlamına gelir. Kutsal Kitap bunun yerine, Tanrı halkının *O'nun üstün hükümdarlığında nasıl bir araya geldiği* hakkında konuşmaktadır. Kutsal Kitap bir egemenlik içerisinde vatandaş olmakla ilgilenir, kulüp üyeliğiyle değil. Bunun da ötesinde, Kutsal Kitap kilisenin birliğiyle ilgili, başka birkaç benzetme daha kullanarak konuşmaktadır (aile, asma vs.). Bu da bizi ikinci büyük fikre getiriyor:

> Kutsal Kitap'ı açtığınızda, gönüllü üyelerden oluşan bir kulübe dair işaretler bulmak için uğraşmayı bırakın. Bunun yerine, bir Rab ve O'nun birbirine bağlı halkını arayın. Aynı zamanda başka birlik

şekilleri de arayın (bir aile içerisindeki kardeşler, asmanın çubukları vs.)

Kilise üyeliği Kutsal Kitap'ta var mıdır? Doğru şeyi arıyorsanız, her yerdedir. Bunu size 2, 3 ve 4. bölümlerde göstermeye çalışacağım.

BİR KULÜP DEĞİL, BİR ELÇİLİK

Kiliseye dair, sizin ve benim üzerimde sahip olduğu kurumsal yetki haricinde başka birçok şey daha vardır. Kiliseyi düşünürken, bir aile, sürü, tapınak ve bu gibi çeşitli fikirlere ihtiyacımız vardır. Ancak tüm bu diğer gerçeklikler, yerel kilisenin yetki yapısının içine yerleştirilmiş olmalıdır ve ben de bu nedenle buradan başlıyorum. Bir kilisenin yetkisi, kilise yaşamının ailesel yönlerine, bedensel yönlerine ve bunun gibi diğer birçok şeye şekil vermektedir. Bu yüzden burada, yerel kilise yaşamının nasıl olduğuna dair Kutsal Kitap'tan birkaç benzetme kullanacağım. Öncelikle "kulüp" veya "hizmet sağlayıcısı" fikirleri yerine koyabileceğimiz ve üzerine inşa etmeye devam edebileceğimiz bir benzetmeyle başlamak istiyorum. Bu da, bir karakol veya bir elçilik benzetmesi.

Elçilik fikrini nereden çıkartıyorum? Bunu Kutsal Kitap'ta gördüğümüz Mesih'in egemenliğinden (krallığından) alıyorum. Kilise krallık değil, o krallığın bir karakolu veya elçiliğidir.

Elçilik nedir? Bir ulusu, diğer uluslar karşısında temsil eden bir kuruluştur. *Misafir ulusa, vatani ulusunun* çıkarlarını açıklar ve vatani ulusundan olup, misafir ulusta yaşayan vatandaşları korur. Örneğin ben, üniversite hayatımın beş ayını Belçika, Brüksel'de geçirdim. O süre zarfında Amerikan pasaportumun geçerlilik tarihi bitmişti. Bunu yenilemeden ülkeden çıkış yapmaya kalkışsaydım, başım belaya girerdi. Artık Amerikan vatandaşı olduğumu belgeleyen resmi bir belgeye sahip değildim. Bir öğleden sonra, pasaportumu yenilemek için Brüksel'deki Amerikan başkonsolosluğuna gittim. Elçiliğin o gün yaptığı şey beni Amerikan vatandaşı *yapmak* değil, resmi olarak vatandaş olduğumu *onaylamaktı.* Bir vatandaş olmama rağmen, kendi kendimi diğer uluslar önünde temsil hakkım yoktur. Ancak elçiliğin onayı, bana vatandaşlığımdan gelen bütün haklar ve faydalar dahilinde korunarak, bu yabancı şehirde yaşama hakkı verdi.

Yani, elçilikler bir yeri, dünya üzerinde başka bir yerde temsil ederler. Peki ya size bir başka elçilik türü daha olduğunu ve bunun *gelecekten* bir yeri temsil ettiğini söylesem? Yerel kilise işte budur. Tarih sonunda Mesih'in rabliği altında toplanacak olan bütün insanları temsil eder.

Pavlus bize, bir Hristiyan'ın vatandaşlığının göklerde olduğunu söylemektedir. Hatta Pavlus, bizi İsrail'le "yurttaş" olarak tanımlar ve bu, İsrail'de vatandaşlığın ne anlama geldiğini düşününce ilginçtir.

Ama İsrail'den farklı olarak, Hristiyanların vatanı dünya üzerinde değildir. Bizler yabancılar ve konuklarız. Hristiyanlar vatanlarını özlemle beklemelidirler. "Gökteki, yerdeki ve yer altındakilerin hepsi diz çöktüğünde ve her dil, Baba Tanrı'nın yüceltilmesi için İsa Mesih'in Rab olduğunu açıkça söylediğinde", dünyanın egemenliğinin Rabbimiz'in ve Mesihi'nin egemenliği olacağı günü beklerler (Va. 11:15; Flp. 2:11).

Ama bekleyin. Şu anda cennet vatandaşlarının dünya üzerinde tanınabileceği ve sığınabileceği bir yer vardır: yerel kilise. Kiliseler şimdiki zamanda Mesih'in egemenliğini temsil etmektedir. O'nun vatandaşlarını şu anda onaylamakta ve korumaktadırlar. O'nun yasalarını şu anda ilan etmektedirler. Kral olarak şimdi O'nun önünde eğilmekte ve diğer herkesi aynısını yapmaya çağırmaktadırlar. Burada da üçüncü bir büyük fikir yatmaktadır:

> Bir yerel kilise, Mesih'in gelecekteki egemenliğini ve gelmekte olan evrensel kilisesini temsil eden, şimdiki zamanda kurulu olan gerçek bir elçiliktir.

Kilise üyeliği fikri, yerel kiliseye dair bu resmin hemen akabinde ortaya çıkmaktadır. Kilise üyesi kimdir? Elçiliğin kapılarından giren ve Mesih'in egemenliğine ait olduğunu beyan eden bir kişidir. "Merhaba, benim adım Hristiyan." Elçilik yetkilisi bilgisayarındaki birkaç tuşa basar ve sonra şöyle der: "Evet, kayıtlarınızı burada görüyorum. İşte pasaportunuz." Kişi artık yabancı bir ülkede yaşıyor olsa bile, vatandaşlığın birçok hak, fayda ve yükümlülüğünden yararlanabilir. Ama bununla da kalmaz (ve en çılgınca olan kısmı burasıdır). Kişi artık elçiliğin kendisinin de bir parçası olur; diğerlerini onaylayan ve gözeten yetkililerden biri haline gelir. Bir kilise üyesi olmak demek, kilisenin kendisi *olmak,* en azından onun bir parçası olmak demektir.

Bu nedenle bir kilise üyesi, resmi anlamda bir Hristiyan olarak ve Mesih'in evrensel bedeninin bir parçası olarak tanınan bir kişidir. Bu, kiliselerin bu tanıma görevini her zaman doğru biçimde yerine getirebildiği anlamına gelmez ancak kimin egemenliğe ait olduğunu ve kimin olmadığını tespit etmek ve onaylamak onların işidir. Dördüncü büyük fikir de şudur:

> Bir kilise üyesi, hem resmi ve açık şekilde uluslar önünde bir Hristiyan olarak kabul edilen, hem de kendi kilisesindeki diğer Hristiyanları resmi olarak onaylama ve denetleme yetkisini paylaşan bir kişidir.

Kilise üyeliği bundan daha fazlasıdır. Yine, 4. bölümde göreceğimiz gibi, aile, beden, sürüye üyelik ve diğer birçok şey hakkında konuşmamız gerekiyor. Ama buradan başlıyoruz çünkü bu, Mesih'in bize bireysel Hristiyanlar olarak değil, yerel kilise üyeleri olarak vermiş olduğu egemenlik yetkisini temsil ediyor. İsa bizi kendi kendimizi yönetmek ve vatandaşlığımızı ilan etmek üzere yalnız bırakmadı. Her ikisi için de bizi imanlılar olarak onaylayan ve daha sonra Hristiyan yaşamlarımıza şekil ve yön vermeye yardımcı olan bir kuruluş bıraktı.

Yerel kilisenin elçilik benzeri otoritesi, "İsa'yla birlikteyim" kelimelerini dile getiren bireylere, bu kelimelerin bir şey ifade ettiğini gösterme fırsatı verir. Yerel kilise, gerçek imanlıları sahtelerinden ayırarak Mesih'in itibarını korur. Yerel kilise, dünyanın Tanrı'nın halkının resmine bakmasını ve sahte olmayan, Mesih'in sevgisinin ve kutsallığının sahici bir resmini görmesini sağlar. Ayrıca yerel kilise, Hristiyan yaşamının uzun yolculuğu için korkuluklar ve dinlenme istasyonlarıyla korunan bir patika açar.

Ulusların kralları ve devlet yetkilileri, vatandaşları olarak tanıdıkları kişiler konusunda umursamaz değillerdir. Evrenin Kralı daha mı az umursayacak?

KATILMAK DEĞİL, TESLİM OLMAK

İsa yerel kiliseyi bizim üzerimizde yetki sahibi olarak kurduysa, buna sadece kulüplere veya gönüllü derneklere katıldığımız gibi katılmayız; yönetimlere olduğumuz gibi, kiliselere de teslim oluruz. Beşinci büyük fikir de şöyledir:

> Hristiyanlar kiliselere katılmazlar; onlara teslim olurlar.

Her şeyden önce, hem kilise hem de devlet farklı şekillerde de olsa İsa'nın yetkisini temsil etmektedir. Pastörler ve kilise önderleri bile, kiliseye bu şekilde teslim olmalıdırlar. Onlar da, Rab'bin Sofrası aracılığıyla kilisedeki vatandaşlıklarını onaylatmalıdırlar.

Beni yanlış anlamayın. Hristiyan olmayanların bakış açısına göre, yerel kilise bir gönüllü derneğidir. Kimse katılmak zorunda değildir. Ancak Hristiyan yaşamı açısından, bu böyle değildir. Mesih'i seçtikten sonra, O'nun halkını da seçmek zorundasınızdır. İkisi aynı pakettedir. Baba'yı ve Oğul'u seçtiğinizde, tüm aileyi seçmeniz gerekir ve bunu da yerel kilise *aracılığıyla* yaparsınız.

Buna ek olarak, kilise kendisine Mesih tarafından verilen yetkisini devletten çok farklı bir şekilde uygular. "Bilirsiniz ki, ulusların önderleri onlara egemen kesilir, ileri gelenleri de ağırlıklarını hissettirirler" (Mat. 20:25). Hristiyan yetkisi, bir sonraki ifadede söylediği şekliyle, Mesih'in bizim için yaptığı gibi başkalarının uğruna hayatımızı vererek işlemektedir (26-28. ayetler). Hristiyan yetkisi, ikna ve zorlamanın manipüle edici güçleri aracılığıyla değil, Tanrı Sözü'nün ve Ruh'un sevecen, etkili ve yüreği değiştiren gücüyle de işlemektedir.

Yine de İsa, Hristiyanların kendilerini yerel bir kiliseye isteyerek vermelerini, ona teslim olmalarını istemektedir. Bunun neye benzediği ve neye benzemediği konusunu 6. bölümde ele alacağız.

KİLİSELER NEDEN ULUSAL VE ULUSLARARASI BİR TEHDİTTİR?

Bana göre, birçok Hristiyan üyelik konusunun neyle alakalı ve neden önemli olduğunu anlamamaktadır. Ama bu, konuya tamamen yanlış yaklaştığımız içindir.

Ancak bununla birlikte, konunun önemini gerçekten iyi anlayan iki gruba işaret edebilirim. İlk olarak, kiliselere ve üyelerine zulmeden tüm devletleri düşünün. Bu devletler kiliseleri kurumsal güçleri nedeniyle bir tehdit olarak görmekle bugüne dek hata etmişlerdir. Nitekim İsa kiliselere kılıcın gücünü vermemiştir. Ancak bu tür devletler, kilise üyelerinin onlara nihai bir bağlılık göstermeyeceğine inanmakta kesinlikle haklılardır. Onlar bu bağlılığı Mesih'e gösterirler.

Dördüncü yüzyıl Roma tarihçisi Eusebios'un, erken dönemdeki kilisede Hristiyan olan Sanctus adındaki kişiyi MS 177 yılında kendisine işkence edenler karşısında sergilediği duruşla nasıl anlattığına bakın: "Onların saldırılarına karşı o kadar sağlam bir kararlılıkla duruyordu ki, kendi ismini, ırkını, memleketini, bir köle olup olmadığını hiçbir şekilde söylemiyordu. Her soruya Latince 'Ben bir Hristiyan'ım' diyerek cevap veriyordu. İsmi, memleketi, ulusu ve diğer her şey yerine hep bunu söyledi ve imansızlar kendisinden başka tek bir söz bile duymadılar."[2]

Bu konunun önemini anlayan ikinci grup, özellikle devlet destekli zulümlerin altında yaşayan Sanctus gibi tüm Hristiyanlardır. Bu kardeşler bir kilise içerisine vaftiz edilerek hayatlarını riske attılar. Onlarla sanki kilise bir bowling ligiymiş gibi "gönüllü üyelik" hakkında konuşmayın. Onlar yeni bağlılıklarının bedelini çok iyi biliyorlar. Bu yüzden bu kitabın benim gibi Batılılardan daha çok onlara hitap edip etmeyeceğini merak ediyorum. "Ne mutlu doğruluk uğruna zulüm görenlere! Çünkü Göklerin Egemenliği onlarındır" (Mat. 5:10).

İsterseniz, dünyanın tüm uluslarının haritalandığı bir dünya küresi hayal edin. Şimdi ışıktan yapılmış küçük bir elçilik hayal edin. Bu, kralları İsa adına bir araya gelen Hristiyanların toplanmasıdır. Sonra ışık noktası kendini ikiye, sonra dörde, sonra sekize böler ve böylece gider. Yeni bir ulus, ulusların içinde yer alan bir ulus büyüyordur. Bu yeni ulus, sınır çizgilerini haritada oldukları yerde bırakır ancak haritanın çizgileri tarafından durdurulamaz. Sınırları çizen kişiler, dünyadan olmayan bu vatandaşları durdurma yetkisine sahip değildirler. Işık noktaları hamurun içinde yayılan maya gibi ya da gece gökyüzü kararırken tek tek görünen yıldızlar gibi her yere yayılır.

Bunlar Mesih'in kiliseleri ve onların üyeleridirler. Dünya daha önce hiç böyle bir şeyle tanışmamıştır.

2

YENİ ANTLAŞMA'DA ÜYELİĞE DAİR GÖZLEMLER

Amacımız kilise üyeliğinin ne olduğunu anlamaksa, hepimizin aynı şeye baktığından emin olmak için Yeni Antlaşma topraklarında hızlı bir yürüyüş yapmak yararlı olabilir. Bu bir arsa satın almak gibidir. Emlakçının tarifinden daha fazlasını istersiniz. Bir yürüyüşe çıkıp etrafa bakmak istersiniz.

Bunu yapmak için, MS 30'lu yılların başından başlayarak, kilisenin varlığının ilk on yıllarına geri dönmek hakkında ne düşünürdünüz?

Zaman makinemizin Kuzey Atlantik'in üzerinde bir yerde ortaya çıktığını varsayarsak, Romalıların Britanya dediği yerin üzerinden güneye doğru uçuyoruz. Aşağıya baktığımızda, şu an bile iki bin beş yüz yaşında olan Stonehenge'i görüyoruz. Diğer şeyler çok da tanıdık değil. Londra, Romalı askerlerin burayı kuracağı zamana kadar, bir on yıl daha görünmeyecek.

Bir su kanalını geçiyoruz ve daha sonra MÖ 51'de Jül Sezar tarafından ele geçirilen bir arazi olan Galya'nın tarlaları ve ormanları üzerinde uçuyoruz. Bugün bu bölge Fransa olarak adlandırılıyor. Karla kaplı Alpleri geçerken, tozlu kahverengi İtalyan manzaraları ve sonunda Tiberius Sezar'ın hüküm sürdüğü muhteşem Roma şehri üzerinde süzülüyoruz.

Doğuya dönerek, Adriyatik üzerinden hızla geçiyoruz, daha sonra Akdeniz boyunca kıyı şeridini Makedonya, Trakya, Asya, Likya, Kilikya toprakları boyunca takip ediyoruz ve yönümüzü Suriye'ye çeviriyoruz. Önceki iki yüzyılda durmak bilmeyen Roma taburları tarafından fethedilen tüm bölgeleri geçiyoruz. Fırat Nehri'ni geçmiyoruz. Bunun ötesinde Part İmparatorluğu ve bunun da ötesinde yeni doğan Kuşan İmparatorluğu var. Bunun yerine, güneye Filistin'e ve Roma'nın Yahudiye eyaletine dönüyoruz. Yahudiye MÖ 63'te, bahsettiğimiz dönemden doksan yıl önce General Pompey tarafından fethedildi. Şimdiyse burası Roma adına Kutsal Kitap'ta geçen meşhur Pontius Pilatus ve Yahudi kukla Kralı Herod Antipas tarafından yönetiliyor.

Zaman yolculuğu yapan gemimiz Yeruşalim şehrine iniyor ve güneşin çatlattığı Filistin topraklarına adım atıyoruz. Gözlerimizi tuğla ve kerpiç evlere, bazı konaklara ve uzaktaki Tapınak Tepesi'ne dikiyoruz.

Yolculuğumuzun amacı basit: en eski kiliselere ve üyelerine bir göz atmak. Bu zamanda yerel kiliseler var mıydı? Modern insanların kilise üyeliği dediği şeyi uyguluyorlar mı?

YERUŞALİM'DEKİ KİLİSE

Etrafa baktığımızda, çevremizde "dünyanın her ülkesinden gelmiş dindar Yahudiler" görüyoruz. Partlar, Mezopotamyalılar, Kapadokyalılar, Mısırlılar, Libyalılar, Giritliler ve Araplar var ve liste daha da uzayıp gidiyor (Elç. 2:5, 9–11). Her yıl kutlanan Pentikost Yahudi Bayramı için burada toplanmışlar ve hareketli renkler ve kokular bir bit pazarını düşünmemize sebep oluyor.

Yine de bize çarpan ilk şey bir görüntü değil, bir sestir: "Ansızın gökten, güçlü bir rüzgarın esişini andıran bir ses geldi" (Elç. 2:2). Ayaklarımız o anki curcuna içerisinde hızlıca ilerliyor ama sonra, önümüzde bir şekilde oradaki insanların ana dillerinde vaaz veren bir grup adamın önünde buluyoruz. Kalabalık şaşkına dönüyor.

Adamlardan biri olan Petrus, doğrudan insanlara meydan okuyor. Son zamanlarda çarmıha gerilmiş olan İsa'yı "Rabbi" olarak nitelendiren büyük kral Davut'a ithafta bulunuyor. Sonrasında konuşmasını, suratlarına bir tokat gibi gelen şu sözlerle sonlandırıyor: "Tanrı, sizin çarmıha gerdiğiniz İsa'yı hem Rab hem Mesih yapmıştır." (Elç. 2:36).

Gözlerimizi dinleyicilere çeviriyoruz ve Petrus'u linç etmelerini bekliyoruz. Elbette onu bir hain ilan edecekler ve yetkililere götürmek için onu yerlerde sürükleyecekler.

Ama hiç kimseden bir patlama gelmiyor. Her nasılsa, meydan okuma işe yarıyor. Kalabalık, "yüreklerine hançer saplanmış gibi" oluyor ve Petrus'a ne yapmaları gerektiğini soruyorlar (Elç. 2:37). Tereddüt etmeden, Petrus şöyle cevap veriyor: "Tövbe edin, her biriniz İsa Mesih'in adıyla vaftiz olsun. Böylece günahlarınız bağışlanacak ve Kutsal Ruh armağanını alacaksınız" (Elç. 2:38).

Bu cesur bir hareket çünkü İsa'nın infazı da bizzat ayaklanma suçlamalarıyla başlamıştı. Ancak Petrus, İsa'nın bir kral olduğunu gizlemeye çalışmıyor, hatta bu iddiayı Davut'un ve Tanrı'nın sözlerine atfediyor. Dahası, insanlara vaftiz yoluyla İsa'yla özdeşleşmelerini söylüyor. Görünüşe göre, Petrus belirgin biçimde ayrık olan bir halk kurmak, toplum tarafından tespit edilebilen bir hareket başlatmak istiyor.

Dikkat çekici bir şekilde, insanlar kalabalıklar halinde cevap veriyorlar: "Onun sözünü benimseyenler vaftiz oldu. O gün yaklaşık üç bin kişi topluluğa katıldı" (Elç. 2:41).

Zaman yolculuğu makinemizi tam da doğru yere indirmişiz gibi görünüyor. Burası her şeyin başlangıcıdır. Etrafa sorduğumuzda, varışımızdan önce buralarda "yaklaşık yüz yirmi kardeşten oluşan bir topluluğun" olduğunu öğreniyoruz (Elç. 1:15). Sonra bu muhteşem günde üç bin isim daha bu kişilere ekleniyor: Yakup, Andreas, Lidya, Alfeus, Prokorus, Jimmy, Scooter, Alice... Kilise insanları sayıyor ve kayıtları tutuyor. Bu insanların kim olduklarını biliyorlar.

BÜYÜME VE ZULÜM

Günler geçtikçe, bir çadırda bazı ofis alanları kiralıyor, kendi raporlarımızı derlemeye başlıyor ve bu grubun yeni bir yaşam tarzına geçmesini izlemeye devam ediyoruz. Kendilerini elçilerin öğretilerine adıyorlar. Kardeşliği, ekmek bölmeyi ve duayı paylaşıyorlar. Kendilerini "imanlılar" olarak adlandırıyorlar ve insanların ihtiyaçları ölçüsünde, malları ve eşyaları da dahil olmak üzere her şeyi ortakça paylaşıyorlar (Elç. 2:44-45).

Bu grup şehrin geri kalanından tamamen farklı bir boyutta. Sanki başka bir yerden geliyorlar. "Her gün tapınakta toplanmaya devam eden imanlılar" ayrıca "kendi evlerinde de" küçük gruplara ayrılıyorlar. (Elç. 2:46). Grup ayrıca büyümeye devam ediyor: "Rab de her gün yeni kurtulanları topluluğa katıyor" (Elç. 2:47).

KİLİSE ÜYELİĞİ

Haftalar ve aylar geçiyor. Giderek daha fazla kişi bu mesaja inandığını iddia ediyor. Hızlı bir şekilde üyelik listeleri büyüyor ve sadece erkeklerin "sayısı aşağı yukarı beş bine" ulaşıyor (Elç. 4:4). Bu grubun sadece üyelik listelerini koleksiyon yapmakla ilgilenip ilgilenmediğini kendimize soruyoruz. Belki de sayıların üstüne biraz fazla düşüyorlardır?

Cevap hemen verilebilir: Hiç de öyle değil. Her nasılsa, önderler önemli ahlaki ihmallerin farkındalar ve bunları düzeltmek için hareket ediyorlar (5:1-11). Her nasılsa, bütün "kilise" –artık kendilerine verdikleri isim bu– hâlâ "Süleyman'ın Eyvanı'nda toplanıyor" (Elç. 5:11-12). Her nasılsa, bütün kilise dullarını daha iyi sevmek hakkında konuşmak için üye toplantıları yapmak istiyor (Elç. 6:1-2).

Bu konuda hiç şüphe yok: Bu insanlar birlikte vakit geçiriyor ve birbirleriyle ilgileniyorlar. Birlikte sürdürdükleri yaşam o kadar dikkat çekici ki, Yeruşalim nüfusunu incelediğimizde, şehrin kendilerine "büyük saygı duyduğu" görülüyor (Elç. 5:13).

Tabii ki, herkes onları sevmiyor. Sorulara cevap vermeleri için elçiler iki kez sorguya çekiliyor. Petrus benzer bir şeyi iki kez söylüyor: "İnsanlardan çok, Tanrı'nın sözünü dinlemek gerek" (Elç. 4:20; 5:29). Bu grup, en yüksek yetkinin başka kimsede değil, İsa'da olduğunu biliyor. "Her gün tapınakta ve evlerde öğretmekten ve Mesih İsa'yla ilgili Müjde'yi yaymaktan . . . geri kalmadılar" (Elç. 5:42).

Yine de, hayat kilise için oldukça zorlaşıyor. Yerel makamlar kışkırtıldıkça zulüm başlıyor. İstefanos adında bir önder taşlanarak öldürülüyor. Hatta başkâhinlerin elinde bir isim ve adres listesi varmış gibi görünüyor çünkü gayretli uşaklarından biri olan Saul adındaki bir Ferisi, "ev ev dolaşıyor" ve "imanlıları dışarı sürüklüyor, hapse atıyor" (Elç. 8:3).

Garip bir şekilde, Saul'un gayretleri istenmeyen bir etki yapıyor. Birden fazla ulak, aynı haberle ofisimize koşuyor: "Bunun sonucu dağılan imanlılar, gittikleri her yerde Tanrı sözünü müjdeliyorlar" (Elç. 8:4). Zulüm, Hristiyanları Yeruşalim'den başka şehirlere ve topraklara saçıyor.

Hemen sonra Samiriye, Şam, Lidda, Yafa ve Sezariye'de ortaya çıkan öğrencileri duyuyoruz (Elç. 8:14; 9:10, 32, 42; 10:24). Herkes İsa'nın sadece Yahudiler için bir kral olarak gelmediğini fark etmeye başlıyor (Elç. 11:18).

Bu sıralarda Yeruşalim kilisesinde, Saul'un iman ettiği ve İsa'nın "Tanrı'nın Oğlu" ve "Mesih" olduğu şeklinde (Elç. 9:20, 22) sinagoglarda vaaz vermeye başladığını söyleyen bir fısıltı kampanyası başlıyor. Birçokları buna inanmıyor ama sonra Saul bizzat ortaya çıkıyor ve "İsa adını ... korkusuzca" vaaz ediyor (Elç. 9:27-28).

İşler geçici olarak düzeliyor gibi görünüyor. Yeruşalim kilisesi şimdi "Yahudiye, Celile ve Samiriye'ye" dağılmış olarak, bir "esenlik zamanı" geçiriyor gibi görünüyor (9:31).

SURİYE'DEKİ, KÜÇÜK ASYA'DAKİ VE ÖTESİNDEKİ KİLİSELER

Verileri elekten geçirmeye başlamak için kendi aramızda bir toplantı yapmanın zamanı geldiğine karar veriyoruz. İçimizden biri, Tanrı'nın farklı uluslardan tüm bu vatandaşları Pentikost için Yeruşalim'e *maksatlı* olarak gönderdiğini ve daha sonra *maksatlı* olarak zulme izin verdiğini, böylece Mesih'e dönenlerin farklı ulusların sınırlarına dağıldığı ihtimalini öne sürüyor.

Tabii ki, toplantımızın tam ortasında, Yeruşalim kilisesindeki arkadaşlarımızdan biri içeri dalıyor. Nefes nefese kalmış bir durumda ve öne doğru eğilip dizlerinden destek almak zorunda kalıyor ancak yukarı bakıp gülümseyerek, "Olup bitenlerin haberi, Yeruşalim'deki kiliseye ulaştı" ve Antakya kentinin Suriye sınırı boyunca "Rab'be daha birçok kişi kazanıldı" diyor (Elç. 11:19-22).

Zamanı bir yıl ileriye alıyoruz. Yeruşalim kilisesinin bilgilendirme mektubunu alıyoruz ve burada şöyle okuyoruz: Antakya'da "Rab'be daha birçok kişi kazanıldı." ve "Barnaba'yla Saul bir yıl boyunca oradaki inanlılar topluluğuyla bir araya gelerek büyük bir kitleyi eğittiler" (Elç. 11:24, 26).

Çok net görüyoruz ki, bu sadece Yahudiye'yle sınırlı bir olgu değildir.

Bu Suriyeli Hristiyanlar ciddi Hristiyanlar. Yahudiye'de bizleri bir kıtlık vuruyor ancak Suriye'deki öğrenciler güneye erzak yolluyorlar. Hatta, Antakyalı Hristiyanların cömertliği sayesinde kendimizi bir kilise üyesinin evinde otururken, incir ve mercimek salatası, gözleme, keçi peyniri dürümleri ve yaprak sarma eşliğinde, mangalda Suriye kuzusunun tadını çıkarırken buluyoruz. Hristiyan sevgisi kesinlikle çok lezzetli. Tekrar tekrar, bu Hristiyanlar, birbirlerini önemsediklerini ve bu ilgilerinin ulusal sınırların ötesine ve kendi kiliselerinin ötesine uzandığını kanıtlıyorlar.

Artık on yıllar geçiyor ve kiliselerin kurulmasının hız alışını izliyoruz. Şimdi Pavlus olarak adlandırılan Saul; Derbe, Listra, Konya ve Pisidya Antakyası gibi şehirler de dahil olmak üzere, Kıbrıs ve Küçük Asya'da kiliseler kurduğu bir yolculuğa çıkıyor (Elç. 13:4; 14:20-23). İkinci bir yolculukta

Pavlus, birkaç tanesini söyleyecek olursak Filipi, Selanik, Veriya, Korint ve Efes şehirlerinde, daha batıda kiliseler kuruyor (Elç. 15:36-18: 22). Daha sonra yine bu kiliselerin çoğunu güçlendirmek için üçüncü bir yolculuğa çıkıyor (Elç. 18:23-21:26).

Sadece sözlü raporlar bize ulaşmakla kalmıyor; elçiler tarafından Galatya, Selanik, Korint, Roma ve diğer ülkelerdeki başka kiliselere yazılan mektupların kopyaları da bize ulaşıyor. Pavlus ev hapsinde bile yazıyor: "Uğruna zincire vurulmuş durumda elçilik ettiğim Müjde'yi gerektiği gibi cesaretle duyurabilmem için dua edin" (Ef. 6:20). Dünyasal yetkililerle yaşadığı sorunları, Kral İsa'nın yararına kullanıyor.

Genellikle, yönetimdeki yetkililerinin tepkisi büyük farklılıklar gösteriyor. Herod Antipas, kilise üyelerini tutukluyor ve öldürüyor (Elç. 12:1-2). Kıbrıs'ın Romalı genel valisi, onların ilettiği mesaja inanıyor ve iman ediyor (Elç. 13:12) ve bir havra yöneticisi de öyle (Elç. 18:8). Vali Felix burada rüşvet parası almak için bir fırsat görüyor (Elç. 24:26). Vali Festus, Hristiyanları "deli" olarak adlandırıyor (Elç. 26:24). Kral Agrippa tepkili (Elç. 26:28). Bir başka Romalı genel vali olan Gallio da basitçe "her neyse" diyor ve "olup bitenlere hiç aldırmıyor (bkz. Elç. 18:17).

Sanki kiliseler ve üyeleri toplumun kenarında bir yerde oturup kalmış gibi hem toplumun bir parçası durumdalar, hem de değiller. Hiçbir kategoriye girmiyorlar. Bir gün, Petrus'un mektubunun bir kopyası ofiste ortaya çıkıyor ve o da tam olarak aynı şeyi söylüyor. Hristiyanlara "yabancı" diyor (1.Pe. 1:1).

KİLİSE ÜYELİĞİ

NET VE TUTARLI BİR RESİM

Raporları tekrar tekrar okuyoruz. Devamlı her şeyi not ediyoruz ve yerel kilisenin ve üyeliğin ne olduğunu bir araya getirip getiremeyeceğimizi görmeye çalışıyoruz. Bunu yaparken, tüm belgelerimizde on tartışılmaz tema ortaya çıkıyor:

1) Kilisenin doğrudan varlığı, bir Kurtarıcı ve Rab mesajı etrafında birleşiyor. Yeruşalim'deki ilk günümüzde de duyduğumuz gibi, "günahların bağışlanması için" ve "İsa Rab'dir" kelimeleri notlarımızda tekrar tekrar ortaya çıkıyor. Elçiler bunu bildiriyorlar (2.Ko. 4:5; Elç. 17:3; Yuh. 20:31). Buna kurtuluş yolu ve iyi haber diyorlar (Rom. 10:9; 1.Ko. 15:1-5; Ef. 1:7; 1.Pe. 1:3–12) ve Kutsal Ruh da insanlara bunu söyleyecek dili veriyor (1.Ko. 12:3). Bu Hristiyanlar bir dereceye kadar dünyasal yetkililere saygı duyuyorlar ancak nihai bağlılıkları İsa'yadır. Kendilerine "zincire vurulmuş elçiler" diyorlar ve ölüm dahil her riski alıyorlar.

2) Hristiyanlar genellikle tek ancak birbirine bağlı olan kiliselerle bağlantılılar. Başlangıçta, her imanlı Yeruşalim kilisesine bağlıydı veya bu kiliseye "eklenmişti." Sonra, Filipus'un Müjde'yi Etiyopyalı hadıma açıkladığı gibi, öğrencilerin diğerlerinden ayrı olarak dağıldığı bir geçiş aşaması var. Ama bütün bunlar uzak yerlerde yapılan hizmetlerle alakalı şeylerdir. Kiliselerden bunun dışında ayrılan Hristiyanlarla ilgili hiçbir örnek yoktur. Antakya, Konya, Korint ve diğer kentlerde hızla kiliseler kuruldu. Bu kiliseler, ulusal sınırların ötesinde bile, zor zamanlarda birbirleriyle iletişim kurmaya, özdeşleşmeye ve birbirlerine hizmet etmeye devam etti.

3) Hristiyanlar toplu olarak kendilerini kiliseler/topluluklar olarak tanımlıyorlar. Bunu kendileri hakkında konuşma şekillerinde de görebiliyoruz: "Saul ise inanlılar topluluğunu kırıp geçirmeye başladı" (Elç. 8: 3). "Olup bitenlerin haberi, Yeruşalim'deki kiliseye ulaştı" (Elç. 11:22). "Böylece Barnaba'yla Saul bir yıl boyunca oradaki inanlılar topluluğuyla bir araya gelerek büyük bir kitleyi eğittiler" (Elç. 11: 26). "O sırada kral Hirodes, kiliseden bazı kişilere eziyet etmeye başladı" (Elç. 12:1). "Ama inanlılar topluluğu onun için Tanrı'ya hararetle dua ediyordu" (Elç. 12:5). "Oraya vardıklarında inanlılar topluluğunu bir araya" getirdiler (Elç. 14:27). "Kilise topluluğu onları yolcu etti" (Elç. 15:3 – Thomas Cosmades Çevirisi). "Yeruşalim'e geldiklerinde inanlılar topluluğu, elçiler ve ihtiyarlarca iyi karşılandılar" (Elç. 15:4). Hristiyanlar, birlikte sürdürdükleri yaşamlarında kendilerini tanımlamak için *kilise* kelimesini kullanıyorlar. Bireyler daha büyük ve kurumsal bir şeye aitlerdir.

4) *Hristiyanlar resmi olarak toplandıklarında özel bir güce ve kurumsal kimliğe sahiplerdir.* Pavlus, Korint kilisesinin toplantısıyla ilgili şöyle yazıyor: "Ben ruhça aranızdayken Rabbimiz İsa'nın gücüyle toplandığınız zaman ..." (1.Ko. 5:4). Mektubun sonralarında, birlikte oldukları zaman sanki ayrı oldukları zamandan daha fazla "bir kilise" olduklarını ima eder şekilde, "toplulukça bir araya geldiğinizde" ifadesini kullanıyor (1.Ko. 11:18). Toplanan bu meclis, öyle görünüyor ki, İsa adına bir şeyler yapma, kararlar alma ve açıklama yapma gücüne sahiptir.

5) *Hristiyan yaşamının ilk adımı her zaman vaftizdir.* Bu insanlar için de sorgusuz bu böyledir. "Tövbe edin, her biriniz İsa Mesih'in adıyla vaftiz olsun" (Elç. 2:38). "Onun sözünü benimseyenler vaftiz oldu" (Elç. 2: 41). "Ama Tanrı'nın Egemenliği ve İsa Mesih adıyla ilgili Müjde'yi duyuran Filipus'un

söylediklerine inandıkları zaman, erkekler de kadınlar da vaftiz oldular" (Elç. 8:12). "O anda Saul'un gözlerinden balık pulunu andıran şeyler düştü... Kalkıp vaftiz oldu" (Elç. 9:18). "Sonra hem kendisi hem ev halkı hemen vaftiz oldu" (Elç. 16: 33). "Pavlus'u dinleyen Korintliler'den birçoğu da inanıp vaftiz oldu" (Elç. 18:8). "Haydi, ne bekliyorsun? Kalk, O'nun adını anarak vaftiz ol ve günahlarından arın!" (Elç. 22: 16). Roma'daki kiliseye yazan Pavlus'un, tüm okuyucularının vaftiz edildiğini varsayması şaşırtıcı değildir (Rom. 6:3). Topluluk önündeki bu kimlik işaretine kesin gözüyle bakılıyor.

6) *Hristiyanlara kendilerini dünyadan ayırmaları ve resmi olarak dünyayla bağlantı kurmamaları buyruluyor.* Pavlus, Hristiyan olmayanlarla ilişkileri yasaklamıyor (bkz. 1.Ko. 5:9-10) ancak Hristiyanlara, Hristiyan kimliklerini imanlı olmayanlarla resmi olarak paylaşma riskine girebilecek hiçbir şey yapmamalarını söylüyor. Işık ve karanlığın hiçbir paydaşlığı olmadığı için onlara "İmansızlarla aynı boyunduruğa girmeyin" diyor (2.Ko. 6:14). Tanrı İsrail'le diğer milletler arasında nasıl net bir çizgi olmasını istediyse, aynı şekilde kiliseyle dünya arasında da parlak bir çizgi olmasını istemektedir: "'İmansızların arasından çıkıp ayrılın' diyor Rab. 'Murdara dokunmayın; ben de sizi kabul edeceğim'" (2.Ko. 6:17). Bu sınır apaçık ortadır.

7) *Yerel kilisenin yaşamı ve yetkisi, üyelerinin yaşamlarını şekillendiriyor ve yönlendiriyor.* Bu özellikle Yeruşalim'deki ilk haftalarımızda ve aylarımızda açıkça görülüyordu. Hristiyan yaşamı yetkiye dayalı bir yapı içinde başladı: Bireyler vaftiz edildi, kiliseye eklendi ve daha sonra elçilerin öğretilerini duymak için toplandı. Buradan itibaren, imanlılar yaşamlarını kilisenin diğer üyeleri etrafında yaşadılar. Yemekleri,

duaları, programları, mali ve mülki kararları ve dullar için ayrılan kaynakları bunun birer örneğiydi. Bu model ilk aylara özgü bir şey miydi? Antakya kilisesinin Yeruşalim kilisesine olan cömertliği ve ayrıca Lidya'nın seyahat eden müjdecilere olan cömertliği gibi bahsetmediğimiz diğer bölümler bunun aksini kanıtlıyor. Bunun yerine, bu ilk aylarda tanık olduğumuz şey bize detaylı bir resim sundu ve bunun, devamındaki yıllarda kayıtlarda sürekli olarak tekrarlanması gerekmiyordu. Aynı zamanda, aldığımız mektuplar bize yine aynı toplumsal yaşamın ipuçlarını veriyor (örneğin: Rom. 12: 4-16; 1.Ko. 5:11; Gal. 2:11-12; 1.Ti. 5:9-10; İbr. 10:34; 1.Pe. 4:8–11).

8) *Hristiyan önderler belirli koyunlardan sorumludurlar.* Petrus, ihtiyarlara şöyle diyor: "Tanrı'nın size verdiği sürüyü güdün" (1.Pe. 5:2). Pavlus da Efes'teki ihtiyarlara aynı şeyi söylüyor: "Kendinize ve Kutsal Ruh'un sizi gözetmen olarak görevlendirdiği bütün sürüye göz kulak olun" (Elç. 20:28). İhtiyarlar kimden sorumlu olduklarını biliyorlar.

9) *Hristiyanlar belirli önderlere teslim olmaktan sorumludurlar.* İbraniler'in yazarı şöyle yazıyor: "Önderlerinizin sözünü dinleyin, onlara bağlı kalın" (İbr. 13:17). Açıkça görüyoruz ki, imanlılar önderlerinin kim olduğunu bilmelidirler. Pavlus şöyle yazıyor: "Topluluğu iyi yöneten ihtiyarlar, özellikle Tanrı sözünü duyurup öğretmeye emek verenler iki kat saygıya layık görülsün" (1.Ti. 5:17). Hristiyanlar kimi onurlandıracaklarını biliyorlar.

10) *Hristiyanlar sahte imanlıları paydaşlıktan çıkarıyorlar.* Bir mektupta Pavlus, Korint'teki kiliseye "Kötü adamı aranızdan kovun!" diyor (1.Ko. 5:13). Açıkça görüyoruz ki, ilk etapta bir kiliseye *ait olmadıkça* birini kiliseden *kovamazsı-*

nız. Başka bir yerde, Pavlus "Birinci ve ikinci uyarıdan sonra bölücü kişiyle ilişkini kes" diyor (Tit. 3:10). Ayrıca Yuhanna sahte öğretmenlerle ilgili konuşurken, "Bunlar aramızdan çıktılar ama bizden değildiler" diyor (1.Yu. 2:19).

BİR KİLİSE, KENDİ ÜYELERİ*DİR*

Bütün bunları birbirine eklediğimizde, Yeruşalim araştırma komitemiz için bir şey açıktır: Bir Hristiyan olmak, bir kiliseye ait olmaktır. Hiç kimse kurtulup da daha sonra bir kiliseye katılıp katılmayacağını düşünerek tek başına etrafta dolaşmaz. İnsanlar tövbe eder ve daha sonra bir kilisenin paydaşlığı içerisine vaftiz edilir. Mesih'e Rab olarak bakmak, Mesih'in insanlarıyla birleşmek anlamına gelir. Bu bir aile tarafından evlat edinildikten hemen sonra kendinizi kardeşlerinizle, onların yemek masasında bulmanız gibi otomatik bir şeydir.

Kilise üyeliği fikri, okuduğumuz ve duyduğumuz her şeyin hamurunda vardır. Hayır, raporlarımızın hiçbiri, bir sınıfın önünde duran ve katılımcılardan "kilise üyeliği" tanımı için kitaplarının 2C bölümüne dönmelerini isteyen bir pazar okulu öğretmeni göstermiyor. Ancak herkes –içeridekiler ve dışarıdakiler–Hristiyanların "kiliseye veya topluluğa" atıfta bulunduklarında kimin kastedildiğini biliyorlar: "Barnaba'yla Saul bir yıl boyunca oradaki inanlılar topluluğuyla bir araya" geldiler (Elç. 11:26). "Kral Hirodes, kiliseden bazı kişilere eziyet etmeye başladı" (Elç. 12:1). "Oraya vardıklarında inanlılar topluluğunu bir araya" getirdiler (Elç. 14:27). Kilise üyesi olmak, kiliseyi oluşturan bireylerden biri olmaktır. Tekrar, bu insanlar kim olduklarını biliyorlar.

Hatta üyeleri hakkında konuşmadan, yerel bir kilise hakkında konuşamazsınız. Bu bir takım, bir aile, bir ulus ya da hatta, evet, bir kulüp hakkında, onların üyeleri hakkında konuşmadan konuşmaya çalışmak gibidir. Bunların her biri, kendi üyeleri*dir*.

GELECEĞE DÖNÜŞ

Görünüşe göre aradığımız şeyi bulduk. Birkaç on yıl geçti ancak yerel kiliselerin Hristiyanlığın başlangıcından beri var olduğu ve bu kiliselerin kendi üyelerinden daha fazlası veya daha azı olmadığı şu anda açıktır. Dolayısıyla, evet, hiç kimse resmi üyelik sınıflarından veya üyelik listelerinden bahsetmemiş olsa bile, yine de bu insanlar "kilise üyeliğini" uyguladılar.

Yine de hâlâ, bütün sorularımız cevaplanmış değildir. Bunlardan ilki şu sorudur: Yerel kilise *nedir*? Roma'dan Pavlus hakkında aldığımız son haber, "Tanrı'nın Egemenliğini" vaaz ediyor olduğuydu (Elç. 28:31). Açık bir şekilde, burası bir kulüp değil. İnsanlar kulüplerini bir egemenlikle karıştırmazlar. Kendilerini gönüllü bir organizasyon için zincirlere vurulmuş elçiler olarak adlandırmazlar. Ayrıca kesinlikle, bir hizmet sağlayıcısı için hayatlarını tehlikeye atmazlar.

Peki yerel kilise tam olarak nedir? Ayrıca, bir kilise üyesi nedir?

Zaman yolculuğu makinemize tekrardan binebilir ve bu iki soruyu cevaplamak için günümüze geri dönebiliriz. Endişelenmeyin, daha fazla zaman yolculuğumuz yok.

Geri dönerken, birimiz bir cep Kutsal Kitabı çıkarıyor ve Vahiy kitabını açıyor. Bu, Yuhanna tarafından Küçük Asya'da

KİLİSE ÜYELİĞİ

günah ayartılarına ve zulme karşı mücadele eden yedi farklı kiliseye yazılmış bir mektuptur. Sonlarına doğru, Sezar'a ve kendisinin tanrılık ve imperium iddialarına çok benzeyen bir canavarın tarifi vardır. Yuhanna bu kiliseleri nasıl teşvik ediyor? Onları tahtında oturan, göksel varlıkların taçlarını önünde eğilerek kendisine bıraktığı bir Mesih resmine yönlendiriyor. Sezar bir taklitçidir. Sadece Mesih'in hükümdarlığı mutlaktır. Kiliselerin kiliseler olarak hayatta kalmak için duyması gereken şey tam olarak budur.

İsa Rab'dir.

3

KİLİSE NEDİR?
KİLİSE ÜYESİ NEDİR?

Birinci yüzyıldaki Yeruşalim yerine, Washington, DC'deki bir İtalyan bistrosunun hemen önüne dönüyoruz. Bu manzaramızı iyi anlamda farklı bir hale getirecek. Arkadaşım Coyle ve ben biraz önce öğle yemeği yemiş ve kilise üyeliği hakkında konuşuyorduk. Sonra Coyle bana şu zor soruyu sordu: "Aynı kiliseye ait iki Hristiyan'la farklı kiliselere ait iki Hristiyan arasındaki fark nedir?"

Belki de orada öylece durduğumu, gömleğimde birkaç yeni biber sosu lekesi olduğunu ve ona boş boş baktığımı hayal edebilirsiniz. Nasıl cevap vermem gerektiğinden emin değildim.

Ancak bu, yerel kilisenin ve üyeliğin kalbini anlamak için harika bir sorudur. Bunu şöyle düşünün: Coyle benim kiliseme ait. Aynı zamanda bir Hristiyan olan yakın arkadaşım Mike, havaalanının yanındaki şehrin hemen dışındaki bir kiliseye ait. Burada soru şudur: Coyle'la olan ilişkim Mike'la olan ilişkimden nasıl farklıdır? Bu iki adama farklı davranmam mı gerekiyor?

KİLİSE ÜYELİĞİ

Her üçümüzün de Mesih'in bedenine, Tanrı'nın halkına ve evrensel kiliseye ait olduğumuzu, yani büyük harfle "Kilise" olduğumuzu söyleyebiliriz. Bunun yanı sıra, her üçümüz de birbirimizi sevmeye, birbirimiz için dua etmeye, birbirimizi teşvik etmeye, birbirimizde gördüğümüz günahı azarlamaya ve hatta gerektiğinde maddi olarak birbirimize bakmaya çağrılmışızdır.

Peki fark nedir? Coyle'a ne demeliydim?

Hiçbir fark yoksa o zaman yerel kilise diye bir şeyin olmadığını söylemek zorundayız. Bu karımla olan ilişkimle diğer kadınlarla olan ilişkim arasında hiçbir fark *olmadığını* söylemek gibi olurdu. Bu yalnızca evlilik antlaşması diye bir şey *olmasaydı* doğru olurdu. Ama evlilik vardır ve bu yüzden ilişkilerde de büyük bir fark vardır. Aynı şekilde, yerel kilise de vardır ve bu nedenle bu ilişkilerde de bir miktar fark olması gerekiyor gibi görünmektedir. Peki nasıl bir fark?

İşte bir ipucu: kilisem ve ben Coyle üzerinde resmi kilise disiplinini uygulayabiliyoruz ancak Mike üzerinde bunu yapamayız. Yani, İsa bana, kilisenin bir üyesi olarak, Coyle'un Hristiyan yaşamında oynamam üzere resmi bir yargısal rol verirken, Mike'ın yaşamında böyle bir yetki vermemiştir. Ancak bu yargısal rolün ne olduğunu anlamak, yerel kilisenin ve üyelerinin ne olduğunu sormamızı gerektirir. Bu bölümün ve bir sonraki bölümün amacı da budur. Bu iki bölüm kitaptaki en önemli iki bölüm olabilir.

KURUMSAL VE ORGANİK

Yerel bir kilisenin ne olduğu sorusuna cevap vermenin en az iki yolu vardır: soruyu organik veya kurumsal olarak cevaplayabiliriz. Ete veya kemiklere bakabiliriz.

Kilise Nedir? Kilise Üyesi Nedir?

Bu günlerde insanlar organik konuşmayı seviyorlar. Et yumuşak, verimli ve güzeldir. Mesele şu ki, kemiksiz et de pek hoş görünen bir şey değildir. Yani ikisine de ihtiyacımız vardır.

Farkı anlamak için evlilik benzetmesini bir kez daha düşünün. Evlilik hakkında organik olarak konuşacak olsaydık, evli bir çiftin yapması gereken tüm harika şeylerden bahsederdik: birlikte yaşamak, birlikte bir ev inşa etmek, evliliğin gerektirdiği yakınlığı yaşamak, çocuk sahibi olmak, özel şeyleri paylaşmak vb. gibi. Bunlar evlilik ilişkisiyle ilişkilendirdiğimiz harika aktivitelerdir.

Bununla birlikte, kurumsal olarak evlilik hakkında konuşmak, kültürümüzün giderek daha az anladığı ve geride bırakmaya başladığı şeyler hakkında konuşmaktır:

• "Tanrı'nın huzurunda ve bu kalabalık karşısında bu erkeği ve bu kadını birleştirmek için toplanmış bulunuyoruz."
• "Meşru olarak birleşemeyeceklerine dair haklı bir neden gösterecek olan varsa..."
• "Bu yüzükle, seni eşim olarak kabul ediyorum."
• "Sizleri karı koca ilan ediyorum."

Tüm bu Batılı ifadelerin arkasında, Kutsal Kitap'ın tek beden birliği olarak adlandırdığı ve bizim de evlilik antlaşması olarak adlandırabileceğimiz fikir vardır. Bu antlaşma, ilişki için bir platform oluşturan ve bir erkeğin karısıyla olan ilişkisini diğer tüm kadınlarla olan ilişkisinden ayıran yapısal kuraldır. Bu evlilik şarabını tutan bir kadeh gibidir. Kadehi kaybederseniz, şarabı da oldukça hızlı bir şekilde kaybedersiniz (bkz. Özd. 5:15-16).

Bugün dünya bu aktiviteleri seviyor ancak kurumsal unsurları sevmiyor ve bu yüzden de daha fazla çift evlenmeden birlikte yaşıyor. Şarap istiyorlar ama kadehi istemiyorlar. Tabii ki, bu durumda işler darmadağınık bir hal alıyor.

Öte yandan, birçok insan aktiviteyi seçiyor ancak kurumsal unsurları seçmiyor çünkü ebeveynlerinin veya büyük ebeveynlerinin evli ve mutsuz kalmasını gözlemiş oluyorlar. Tek açıklama "kurallar böyle" oluyor. Babalarının annelerini nezaketle sevdiğine veya annelerinin babalarını el üstünde tuttuğuna tanık olmamışlardır. Sadece boşluğa bakan gözleri ve uyuşuk bir şekilde bilgi alışverişi yapan ağızları görmüşlerdir. Yaşamı, canlılığıysa, ancak yaptıkları çığlık ve bağrışma yarışmalarında görmüşlerdir. Ne kadar ironik ve trajik. Bizim de istediğimiz bu değildir.

Hem kurallar hem de aktiviteler Tanrı tarafından tayin edilmiştir. Bunlar kemikler ve ettir.

Yerel kilisede de bu böyledir.

İSA VE KRALLIK

Kurumsal tanımla, yani kemikler ve şarap kadehiyle başlayalım. Bugün insanların en çok gözden kaçırdığı ya da kaçındığı şey de budur. Sıradan bir Hristiyan grubunu yerel kiliseye dönüştüren ilişki birliği "ölüm sizi ayırana kadar" tarzı bir birlik değildir. Ancak kilise disiplininin açıkça ortaya koyduğu üzere, bu *bir şeydir.*

1. bölümde yerel kiliseyi bir karakol veya elçilik olarak adlandırdık. Daha ayrıntılı olarak ele almak gerekirse, *bir*

Kilise Nedir? Kilise Üyesi Nedir?

yerel kilise, Müjde'nin vaaz edilmesi ve müjdesel törenlerin uygulanması aracılığıyla, birbirlerinin İsa Mesih'teki ve O'nun krallığındaki üyeliklerini denetleyip onaylayan ve bu amaçla düzenli olarak İsa'nın adıyla toplanan bir Hristiyan grubudur.

Evet, bu tanım biraz uzun, ama söylediğim her kelime maksatla dolu.

Bu cümleyi açmadan önce, bunu nereden aldığımı görmenizi isterim. 2. bölümde Yeni Antlaşma sayfalarında üyeliğin nerede görüldüğüne dair aramamızda, İsa ve Müjde kitaplarını bunun dışında bıraktığımızı fark etmiş olabilirsiniz. Neden mi? Kısmen, İsa krallık hakkında kiliseden çok daha fazla konuştuğu için. Öte yandan, mektuplar tam tersi bir vurguya sahiptir. Şunu anlamalısınız:

- Müjde kitaplarındaki İsa, "kilise" kelimesini iki kere söylerken, sadece Matta kitabında "krallık" kelimesini kırk dokuz kere kullanır.

- Pavlus'un mektuplarında "kilise" kelimesine kırk üç kez yer verilirken, "krallık" kelimesine on dört kez yer verilmiştir.

İsa krallıktan bahsetti. Pavlus kiliseden bahsetti.

Burada ne görüyoruz? Bu sizi şaşırtabilir ancak kiliseyi bir kurum olarak kuran şey, İsa'nın krallığa yaptığı vurgudur. Pavlus, bir sonraki bölümde ele alacağımız organik kilise açısından daha fazla yazmıştır.

İsa'nın krallığının (egemenliğinin) kiliseyle ne ilgisi vardır?

KİLİSE ÜYELİĞİ

BİR ZAMANLAR BİR KRALLIK VARDI...

Buna cevap vermek için birlikte bir hikâyeye bakalım. Bir zamanlar İsrail adında bir krallık vardı. Tüm krallıklarda olduğu gibi, İsrail'in bir kralı, bir ülkesi ve bir dizi kanunu vardı. Ancak çoğu krallığın aksine, İsrail vatandaşlarının yapması gereken özellikle önemli bir iş vardı: İsrail, yeryüzünde Tanrı'yı temsil etmeliydi.

Sanki Tanrı, İsrail'in kendisine ait olduğunu ve yeryüzündeki tüm uluslara, kendisinin karakterini görmek için İsrail'i izlemeleri gerektiğini açıklayan bir basın açıklaması göndermişti. Tanrı merhametli veya merhametsiz, adaletli veya adaletsiz midir? Basın açıklaması şöyle diyordu: Bunu öğrenmek için bu ulusu izleyin. Onlara ayrıntılı bir dizi yasa vermişti ve böylece tam olarak ne yapacaklarını bileceklerdi.

Ne yazık ki, İsrail işinde korkunç bir şekilde başarısız oldu. Akranlarının görüşlerini çok fazla önemseyen ve Tanrı'yı taklit etmek yerine ulusları taklit eden, kendine güveni olmayan gençler gibi davrandılar. Belki de Tanrı'nın Yasası için fazla havalı olduklarını düşünmüşlerdi. Sonuç olarak bu durum, ulusların Tanrı'nın pek de özel bir şey olmadığını düşünmesine neden oldu. Hatta demek ki, Tanrı onlar gibi biriydi.

Sonra bir gün İsa adında bir adam geldi ve krallığı devirebilecek en az dört şey söyledi.

1) Tanrı İsrail'i işinden kovuyordu. Onu temsil etme işini kaybediyorlardı (Mat. 3:9–12; 8:11–12).

Kilise Nedir? Kilise Üyesi Nedir?

2) Şimdi göksel Baba'yı temsil edecek olan kişi İsa'ydı (Mat. 3:17; 11:27; Yu. 14:9). Hatta kendisi hem Tanrı'ydı ve Tanrı'nın mükemmel görünümüydü (Kol. 1:15).

3) Tanrı, İsrail gibi bir yer şeklinde değil, belirli bir insan grubu üzerindeki bir hükümranlık şeklinde bir krallık kuruyordu. Bu krallık tövbe eden, ruhta yoksul olan ve çocuklar gibi alçakgönüllü insanlar içindi (Mat. 4:17; 5:3; 18:3).

4) Çarmıhta ölümüyle satın alacağı krallık vatandaşları, yeryüzünde Tanrı'yı temsil etmede O'na katılacaklardı (Mat. 5: 48; Rom. 8:29; 1.Ko. 15:49; 2.Ko. 3:18; Kol. 3: 9-10).

Bununla birlikte, topraksız ve coğrafi sınırları olmayan böyle bir krallığın ciddi bir siyasi ikilemi vardı: Herkes bu krallıkta vatandaş olduğunu iddia edebilirdi. İsa, her türlü sahtekârın böyle iddialarda bulunacağını bize önceden bildirdi (Mat. 7:21-23; ayrıca Mat. 24:5; 25:44–45).

Bu da tam bir halkla ilişkiler kâbusu yaratmaktadır: Bu tür sahtekârlar kralın adını itibarsızlaştıracaktı. Unutmayın, bu krallığın tövbe eden, ruhta yoksul olanlar ve çocuklar gibi alçakgönüllü olanlar için olması gerekiyordu. Bu yeni bir tür toplum olacaktı. Ama eğer kelimenin tam anlamıyla *herkes* –hepsi kendi başına– bir vatandaş olduğunu iddia etmeye başlarsa, o zaman tam bir karmaşa olacaktı. Herhangi bir "yeni toplumu" falan unutun.

Önceki yönetimin vatandaşları, belirli bir ülkede yaşadıkları gerçeğine göre işaretlenip ayrılacaktı. Bu ülkeyi terk ettiklerinde bile, sünnet, Şabat ve çeşitli yeme içme kısıtlamaları gibi bir dizi ayırt edici özellikleri vardı. Ama İsa'nınki gibi topraksız, sınırları olmayan bir krallık, vatandaşlarını nasıl işaretleyebilirdi? Sınırlar yokken sınır devriyesini kim yapacaktı?

ARA: BEYAZ SARAY BASIN ODASI

İsa'nın krallığıyla ilgili bu hikâyeye devam etmeden önce, kısa bir ara verelim. Kilise üyeliğiyle ilgili süregelen büyük tartışmada neyin tehlikede olduğunu bir düşünün. Dünya gezegeninde Tanrı'nın kendisini temsil etmekten bahsediyoruz. Bu İsrail'in işiydi, değil mi? Bugün hemen hemen her üniversite kampüsünde, kampüsün hep birlikte şunu telaffuz ettiğini duyacaksınız: "Hiç kimse Tanrı'yı temsil ettiğini iddia edemez." Ancak bizim burada konuştuğumuz tam da budur.

Bu konunun önemini görmeye başlıyor musunuz? Hayır mı? Başka bir benzetme deneyeyim. İtalyan bistrodan uzaklaştığımızı ve Beyaz Saray'a gittiğimizi ve doğrudan basın odasına girdiğimizi varsayalım. Bir keresinde bir tanıdığımın tanıdığı beni basın odasına götürmüştü. Basın odasının kürsüsünde dururken çok alakasız görünen bir fotoğrafımı çekti.

Bahsettiğim kürsüyü biliyor olabilirsiniz. Sık sık haberlerde görünür. Kürsü başkanlık mührüyle süslenmiştir. Arkasında mavi bir perde ve bir Amerikan bayrağı ve üzerinde "Beyaz Saray" yazan oval bir madalyon vardır. Bu belki de dünyanın en güçlü kürsüsüdür.

Kilise Nedir? Kilise Üyesi Nedir?

Bu kürsüden savaşlar ilan edildi. Piyasalar harekete geçirildi. Ülkelerin ekonomilerinin tamamı kenara itildi. Uluslararası anlaşmalar buradan açıklandı. Milyonlarca, hatta milyarlarca yaşam etkilendi.

Şimdi size sorum şu: Bu kürsüden ABD Başkanı adına konuştunuz mu? Beyaz Saray basın dairesi kameramanlarının stüdyo ışıklarına ve kameralarına baktınız mı ve resmi olarak başkanın aklını temsil ettiniz mi?

Cevabınızın hayır olduğunu varsayıyorum. Başkan, aklını temsil etmeniz için size resmen yetki vermelidir. Başkanın en yakın arkadaşları veya aile üyeleri bile küresel sahneyi alıp buna kalkışmazlar. Bunu yapmanın içerdiği riskler çok yüksektir.

Tamam, işte size başka bir soru: Hiç İsa ve krallığı adına konuştunuz mu? Birisi size bu kralın aklını temsil etmeniz için yetki verdi mi?

İsa'yı temsil etmek önemsiz, sonuçları olmayan bir görev değildir. Hatta, 1. bölümde gördüğümüz gibi, İsa devlet başkanından daha fazla güç ve yetkiye sahiptir. O'nun sözleri asla boşa çıkmaz. Kararları sonsuza dek etkilidir. Söylediğimiz gibi, İsa imperium sahibidir.

Benim tahminim, birçok Hristiyan'ın İsa adına konuştuklarını iddia etmenin meşru olup olmadığını düşünmeye asla vakit ayırmadığı yönünde. Düşüşten beri, biz insanlar istediğimiz her şeyi yapma hakkına sahibiz ve bu hak duygusunu Hristiyanlığımıza da taşıyoruz.

Gerçekteyse, insanlar Tanrı'nın izni ve yetkilendirmesi dışında *hiçbir şey* yapma hakkına sahip değildir. Aynı şey İsa'nın krallığı için de geçerlidir: Sadece bize hareket etme izni verdiği yerde meşru olarak hareket edebiliriz. Bireysel olarak bir insan aniden İsa'nın krallığına ait olduğuna karar veremez ve bu nedenle, Dünya gezegeninin önünde durma ve İsa'yı resmi olarak temsil etme hakkına sahip olduğunu iddia edemez. Aynısını devlet başkanı için de yapamazsınız. Devlet başkanları veya Kral için olsun, böyle bir iddiada neden bulunursunuz ki?

Tamam, ara bitti. Çıkarmamız gereken ders nedir? Kral İsa'yı, Tanrı'nın Oğlu'nu temsil etme yetkisine sahip olduğunuzu varsaymak, Amerika Birleşik Devletleri başkanını temsil etme yetkisine sahip olduğunuzu varsaymak kadar hadsiz bir şeydir. Birinin size yetki vermesi şarttır.

HİKÂYE DEVAM EDİYOR: KRALLIĞIN ANAHTARLARI

İsa'nın topraksız, sınırsız krallığı hakkındaki hikâyemize geri dönüyoruz. Kimin vatandaş olduğunu ve kimin olmadığını açıkça ilan etme yetkisi kime aittir? Yeni başlayanlar için, Petrus'a ve elçilere.

Bir gün İsa, elçileri İsrail liderlerinin öğretilerine güvenmemeleri konusunda uyardı (Mat. 16:1–12). Görev süreleri dolmuştu ve kısa bir süre sonra yönetim binasını boşaltacak, masalarının üstündeki her şeyi kutularla taşıyacaklardı. Sonra İsa onlara kendisinin kim olduğunu düşündüklerini sordu. Petrus, muhtemelen tüm elçiler adına, "Sen yaşayan Tanrı'nın Oğlu Mesih'sin" diye cevap verdi (16. ayet). İsa, Petrus'un cevabını, "Bu sırrı sana açan insan değil, göklerdeki Babam'dır" diyerek onayladı. Sonra şöyle devam etti:

Kilise Nedir? Kilise Üyesi Nedir?

Ben de sana şunu söyleyeyim, sen Petrus'sun ve ben kilisemi bu kayanın üzerine kuracağım. Ölüler diyarının kapıları ona karşı direnemeyecek. Göklerin Egemenliği'nin anahtarlarını sana vereceğim. Yeryüzünde bağlayacağın her şey göklerde de bağlanmış olacak; yeryüzünde çözeceğin her şey göklerde de çözülmüş olacak. (Mat. 16:18-19)

Bu, İsa'nın *kilise* kelimesini kullandığı iki seferin ilkidir. İsa burada evrensel kiliseden, yani tarihin sonunda bir araya toplanacak olan her yaştan tüm Hristiyanlardan bahsetmektedir. İsa son zamanlarda olacak bu meclisi kendisi kuracaktır.

Peki nasıl? Kilisesini "bu kayanın üzerine" nasıl kuracak? Hangi kaya? Teologlar kayanın Petrus mu, yoksa Petrus'un iman ikrarı mı olduğunu uzun zamandır tartıştılar. Aslında, bence ikisini de söylemeliyiz. Teolog Edmund Clowney bu konuda şöyle yazıyor: "İman ikrarı Petrus'tan ayrılamaz ve Petrus da iman ikrarından ayrılamaz."[1] İsa kilisesini kelimeler üzerine veya insanlar üzerine değil, doğru Müjde sözlerine (bizzat beden alan Söz gibi) inanan insanlar üzerine inşa edecektir. İsa kiliseyi *ikrar edenler* üzerine inşa edecektir.

İsa daha sonra Petrus'a ve elçilere egemenliğin anahtarlarını verdi. Bu da Petrus'a, İsa'nın kendisine yaptığı şeyi başkaları için yapma yetkisi verdi: gerçek Müjde ikrarlarını ve ikrarcıları doğrulamak için Tanrı'nın yeryüzünde resmi temsilcisi olarak hareket etmek.

Bu metinde gök ve yer arasındaki etkileşimleri düşünmek etkileyicidir. Petrus doğru bir şekilde İsa'nın kim olduğunu ikrar etti ve İsa, Petrus'un doğru cevabının *göklerdeki* Baba'dan geldiğini söyledi. İsa yeryüzünde olmasına rağmen, *gökler* adına konuşmaktadır. Hemen sonrasında, Petrus'a da aynı şeyi yapması için yetki verdi: *göklerde* bağlanmış ve çözülmüş olanı temsil etmek için *yeryüzünde* bağlayıp çözmek!

Kutsal Kitap uzmanları bazen "bağlamak ve çözmek" kavramlarıyla ilgili, birer yargıyla veya rabbi rolüyle ilgili aktivite olarak konuşurlar ve bu da, bu ifadeyi anlamakta faydalıdır. Örneğin, bir rabbi (Yahudi din bilgini), bir yasanın belirli bir koşulda belirli bir kişiye uygulanıp uygulanmayacağına karar verebilir. İsa temelde elçilere bu tür bir yetki verdi. Bu yetki, imanını ikrar eden bir kişinin önünde durup, bunu değerlendirme, yaşamını göz önünde bulundurma ve gökler adına resmi bir yargıda bulunma yetkisidir. Bu doğru bir iman ikrarı mıdır? Bu sahici bir iman ikrarı mıdır? Diğer bir deyişle, *elçiler yeryüzünde kimin bir krallık vatandaşı olduğunu ve böylece gökleri temsil ettiğini beyan edecek göksel yetkiye sahiplerdi.*

İsa'nın Matta 16'da bir "kilise üyeliği programı" kurduğunu söylemiyorum ama kesinlikle kiliseyi kurmuştur (ki kilise de, üyeleri*dir*) ve kiliseye kendini inşa etmeye devam etmesi için anahtarların yetkisini vermiştir. Bu da bilfiil üyeleri dahil etme veya ihraç etme yetkisidir. Anahtarların yetkisi, bir kişinin Müjde'yle ilişkili sözlerini ve işlerini değerlendirme ve bir yargıda bulunma yetkisidir.

İki bölüm sonra, İsa'nın ikinci ve son kez kilise (topluluk) kelimesini kullandığı yerde, bu anahtarların eyleme geçişini görüyoruz:

Kilise Nedir? Kilise Üyesi Nedir?

Eğer kardeşin sana karşı günah işlerse, ona git, suçunu kendisine göster. Her şey yalnız ikinizin arasında kalsın. Kardeşin seni dinlerse, onu kazanmış olursun. Ama dinlemezse, yanına bir ya da iki kişi daha al ki, söylenen her şey iki ya da üç tanığın sözüyle doğrulansın. Onları da dinlemezse, durumu inanlılar topluluğuna bildir. Topluluğu da dinlemezse, onu putperest ya da vergi görevlisi say. Size doğrusunu söyleyeyim, yeryüzünde bağlayacağınız her şey gökte de bağlanmış olacak. Yeryüzünde çözeceğiniz her şey gökte de çözülmüş olacak. Yine size şunu söyleyeyim, yeryüzünde aranızdan iki kişi, dileyecekleri herhangi bir şey için anlaşırlarsa, göklerdeki Babam dileklerini yerine getirir. Nerede iki ya da üç kişi benim adımla toplanırsa, ben de orada, aralarındayım. (Mat. 18:15–20)

Metin, günahkâr bir kardeşin resmiyle başlıyor ve günahı, iman ikrarıyla uyumsuz durumdadır. İsa daha sonra bu kişiyle dört farklı yüzleşme (günahıyla yüzleştirme) öneriyor. Birinci rauntta, yüzleşme gizli tutulur. Günahkâr kişi tövbe ederse, iman ikrarı güvenilirliğini geri kazanır ve yüzleşme durur. Yaşamı iman ikrarına yakışır şekildedir. Kişi artık bir kez daha, İsa'yı doğru bir şekilde temsil ediyordur.

İkinci rauntta, yüzleşme Eski Antlaşma'nın yargı ortamında olduğu gibi iki ya da üç tanık içerecek şekilde genişler. Üçüncü rauntta, tüm kilise veya bir araya gelen üyeler sürece dâhil olur. Eğer günahkâr kişi hâlâ tövbe etmezse, dördüncü raunt devreye girer ve bu da, bireyi antlaşma topluluğundan çıkarmayı, kendisine artık bir yabancı gibi davranılmasını içerir. Bazen buna kilise disiplini veya aforoz denir.

KİLİSE ÜYELİĞİ

İsa sonrasında egemenliğin anahtarlarına yeniden başvurur: kilisenin yeryüzünde bağlayacağı her şey gökte de bağlanmış olacak ve kilisenin yeryüzünde çözeceği her şey gökte de çözülmüş olacaktır. Ayrıca İsa burada elçilere ya da evrensel kiliseye hitap etmiyor. Kafasında bir yerel kilise vardır. Burada görüyoruz ki, yerel kiliseye krallığın elçisel anahtarları verilmiştir. Sonuç olarak, *yerel kilise yeryüzünde kimin bir krallık vatandaşı olduğunu ve böylece gökleri temsil ettiğini beyan edecek göksel yetkiye sahiptir.*

İsa, yerel kiliseyi imanını ikrar eden bir kişinin önünde durmaya, ikrarı değerlendirmeye, kişinin yaşamını değerlendirmeye ve gökler adına resmi bir yargı ilan etmeye yetkili kılmıştır. Bu doğru bir iman ikrarı mıdır? Bu sahici bir iman ikrarı mıdır? Bu tıpkı İsa'nın Petrus'a yaptığı gibidir. Kilise de bu şeyleri Matta 26 ve Matta 28'de ortaya koyulmuş olan ruhsal törenlerle, yani Rab'bin Sofrası ve vaftizle yapacaktır.

Matta 16'dan daha da fazla yeryüzü ve gökler konuşmasıyla dolu olan Matta 18, kilise disiplini bağlamında bu yetkinin çok net bir resmini sunar. Ancak birisini üyelikten çıkarabilmek, bir kişinin Müjde sözlerini ve işlerini değerlendirmek ve bir yargıda bulunmak için kapsamlı bir yetki gerektirir. Yetki, Petrus'un da yaptığı gibi, kişinin kilisenin kapısına gelip İsa'nın Mesih olduğunu söylediği dakikada başlar.

Devletin temsili yetkisi, 1. bölümde de söylediğimiz gibi, en açık şekilde bir kişinin yaşamını sonlandırabilme gücünde görülür. Benzer şekilde, kilisenin Mesih'in krallığındaki temsili yetkisi, en açık şekilde bir kişiyi Mesih'in krallığında vatandaşlıktan çıkarma gücünde görülür. Her iki durumda da, kurumsal yetkinin tam kapsamı, kişinin üyeliğini kesin olarak sonlandırma gücüyle ortaya konmaktadır. Bu ilk durumda ölümle, ikinci durumdaysa aforozla olmaktadır.

Yine de, "iki ya da üç kişi benim adımla [İsa adıyla]" toplandığında (Mat. 18:20) ve bir kişi "Baba, Oğul ve Kutsal Ruh'un adıyla vaftiz" (Mat. 28:19) edildiğinde kullanılan yetki de aynı yetkidir; kişiyi resmi olarak bir öğrenci mertebesine çıkarır. Bu nedenle, *bir Hristiyan'ın Mesih öğrenciliği söz konusu olduğunda, yerel kilise yeryüzünde Hristiyan'ın en yüksek otoritesidir.*

Hayır, bu mutlak bir yetki değildir. Ancak Mesih, Hristiyanların O'nun krallığının vatandaşları olmalarının bir sonucu olarak, onların yerel kiliselerin gözetimine teslim olmalarını istemektedir.

Yerel kilise anahtarları mükemmel bir şekilde mi kullanır? Hayır. İsa tarafından kurulan diğer tüm otoriteler nasıl hata yapıyorsa, yerel kilise de hata yapar. Bu nedenle, yerel kilise Mesih'in son zamanda bir araya toplayacağı meclisin kusurlu bir temsili olacaktır. Ancak devlet başkanlarında ve ebeveynlerde olduğu gibi, yerel kilisenin hata yapıyor olduğu gerçeği, onun yetkili olmadığı anlamına gelmez.

Bütün bunlar, yerel kilisenin yeryüzünde yaptıklarının, bir kişinin göklerdeki yerini gerçekten değiştirebileceği anlamına gelir mi? Hayır, kilisenin işi bir elçiliğin işi gibidir. Pasaportumun süresi dolduğunda Brüksel'deki ABD elçiliğini ziyaret etmekle ilgili söylediklerimi hatırlayın. Elçilik beni vatandaş yapmadı ancak beni resmi olarak kendim yapamayacağım bir şekilde onayladı. Yerel kilise için de bu böyledir.

YEREL KİLİSE NEDİR?

Gelin, öncesinde yaptığım tek cümlelik kurumsal yerel kilise tanımına geri dönelim.

Şöyle demiştim: Bir yerel kilise, Müjde'nin vaaz edilmesi ve müjdesel törenlerin uygulanması aracılığıyla, birbirlerinin İsa Mesih'teki ve O'nun krallığındaki üyeliklerini denetleyip onaylayan ve bu amaçla düzenli olarak İsa'nın adıyla toplanan bir Hristiyan grubudur. Bu tanımdaki beş parçaya dikkatinizi çekmek isterim:

- Bir Hristiyan grubu
- Düzenli olarak toplanma
- Topluluğun tamamını kapsayacak şekilde onay ve denetim
- Yeryüzünde Mesih'i ve egemenliğini resmi olarak temsil etme amacı (O'nun adıyla toplanırlar)
- Bu amaçlar doğrultusunda vaaz ve törenlerin uygulanması

Tıpkı bir pastörün sözlerinin bir kadın ve erkeği evli bir çifte dönüştürmesi gibi, bu son dört nokta da parkta beraber vakit geçiren sıradan bir grup Hristiyan'ı saniyeler içerisinde yerel bir kiliseye dönüştürür.

Toplanma (bir araya gelme) birkaç sebepten dolayı önemlidir. Bu sebeplerden biri, kime bağlı olduğumuzu "halka açık bir şekilde" duyurduğumuz yerin burası olmasıdır. Bu, tıpkı bir ileri karakol ya da konsolosluk gibi, gelecekteki ulusumuzu tanınır bir yüz haline getirir. Ayrıca burası, Kralımız'ın önünde eğildiğimiz yerdir, tabii biz buna tapınma diyoruz. Dünyanın firavunları bize karşı çıkıyor olabilirler ama Tanrı, halkını ulusların arasından çekip kendisine tapınmaya çağırır. Tanrı, güçlü topluluğunu kuracaktır.

Toplanma, aynı zamanda kralımızın vaazlar, törenler ve disiplin aracılığıyla hüküm sürdüğü yerdir. Müjde'nin vaaz edilmesi, ulusumuzun tabi olduğu "Yasa"yı açıklar. Kralımızın adını duyurur ve O'nu kral yapan fedakârlığı (kurban oluşunu) açıklar. Bize O'nun yollarını öğretir ve itaatsizliğimiz karşısında bizi sınar. Ayrıca bizlerin O'nun yakın olan gelişinden de emin olmasını sağlar.

Vaftiz ve Rab'bin Sofrası aracılığıyla kilise, ulusal bayrağımızı sallar ve bizleri ulusumuzun askeri üniformasıyla kuşatır. Bizi görünür kılar. Vaftiz olmak Baba, Oğul ve Kutsal Ruh'un ismiyle kendimizi özdeşleştirmemiz ve aynı zamanda Mesih'in ölümü ve dirilişinde O'nunla bir olmamız demektir (Mat. 28:19, Rom. 6:3-5). Rab'bin Sofrası'nı almak, O'nun ölümünü anmak ve bedeninde sahip olduğumuz üyeliği ilan etmek anlamına gelir (1.Ko. 11:26-29; krş. Mat. 26:26-29). Tanrı, kendi halkının bilinir ve ayrı olmasını istemektedir. O, Kilise'yle dünya arasında bir çizgi olmasını istemektedir.

Yerel kilise nedir? Yerel kilise İsa Mesih'in, egemenliğini duyurmak, Müjde'ye inananları doğrulamak, öğrencilerini denetlemek ve sahtekârları ortaya çıkarmak üzere oluşturduğu ve yetkilendirdiği kurumdur. 1. bölümde söylediğim gibi, bizler kiliselere bir kulübe katılır gibi katılmayız. Kendimizi devlete nasıl tabi kılıyorsak, kiliseye de tabi kılarız.

KİLİSE ÜYELİĞİ NEDİR?

Kilise üyeliği nedir? Kilise üyeliği Mesih'in krallığındaki vatandaşlığımızın bir ilanıdır. Bu bir pasaporttur. Mesih'in krallığının basın odasından yapılan bir duyurudur. Resmi, belgeli, lisanslı, tapulu bir İsa temsilcisi olduğunuzun ilanıdır.

Bir başka zorlu tanım ortaya koyacak olursak şöyle diyebiliriz, *kilise üyeliği bir kilise ve bir Hristiyan arasında olan, kilisenin bir Hristiyan'ın öğrenciliğini onaylayıp gözettiği ve Hristiyan'ın da kendisini kilisenin bakımı altında öğrenciliğini yaşamaya teslim ettiği resmi bir ilişkidir.*

Bazı mevcut noktalara dikkat edin:

- Bir kilise bedeni, kişinin iman ikrarının ve vaftizinin güvenilir olduğunu resmi bir şekilde *onaylar.*
- Kişinin öğrenciliğini *gözeteceğini* vaat eder.
- Kişi resmi olarak öğrenciliğiyle ilgili her şeyi kiliseye, bu bedenin yetkisine ve önderlerine *teslim eder.*

Kilise bedeni kişiye şöyle der: "İman ikrarının, vaftizinin ve Mesih öğrenciliğinin geçerli olduğunu tanıyoruz. Bu nedenle, Mesih'e ve paydaşlığımızın *gözetim*e ait olduğunu topluluk önünde *onaylıyor* ve böyle kabul ediyoruz." Kişi de kilise bedenine şöyle der: "Ben de sizleri sadık ve Müjde'yi ilan eden bir kilise olarak tanıyor ve varlığımı ve öğrenciliğimi sizin sevginize ve gözetiminize *teslim ediyorum.*"

Kilise Nedir? Kilise Üyesi Nedir?

Bir anlamda bunların tümü, evlilik törenindeki "evet" bölümüne benzer. Nitekim bazı kişilerin bir yerel kilise antlaşmasından bahsetmesinin sebebi budur.

Kilise üyeliği, bir başka deyişle, bir kilisenin sizin sorumluluğunuzu alması ve sizin de aynısını bir kilise için yapmanızdır. Açıkça görüyoruz ki, konu gözetime geldiğinde kilise önderlerinin büyük ve temsili bir rolü vardır. Bu konuya daha sonra detaylı bir şekilde bakacağız.

Bu tanımın kilisemin üyesi olan Coyle'la sahip olduğumuz ilişkiyle, başka bir kilisenin üyesi olan Mike'la ilişkim arasındaki farkı nasıl netleştirdiğine dikkat edin. Coyle ve ben belirli bir elçiliğin onay ve gözetimini alırken, Mike bunu başka bir elçilikten alıyor. Bu ikimizin pasaportlarımızı Brüksel'deki ABD elçiliğinden alırken, diğer kişinin Paris'ten alması gibidir.

Bir Hristiyan'ın bir kiliseye üye olmayı seçmesi gerektiği doğrudur ama bu, kiliseyi bir gönüllü derneği yapmaz. Bizler aslında, Mesih'i seçmekle sorumlu olduğumuz gibi, bir yerel kiliseyi seçmekle de sorumluyuz. Mesih'i seçmiş olarak, bir Hristiyan'ın bir kiliseye üye olmayı seçmeme gibi bir seçeneği yoktur.

4

BİR KİLİSE VE ÜYELERİ NEYE BENZER?

Karma benzetmenin ne demek olduğunu biliyor musunuz? Bu, birbiriyle uyumlu olmayan iki farklı tasviri bir seferde kullanmak anlamına gelir.

Pinokyo'da Çekirge Jiminy'nin şöyle haykırdığını belki hatırlarsınız: "Ekmeğini yağladın. Şimdi içinde uyu!"[1] ("kendin ettin, kendin buldun" anlamında). Ya da, "uçan bir yürüyüşe çıkın" ("haydi başka kapıya" anlamında) ifadesini duymuşsunuzdur. Bugün bile bazen, *Geleceğe Dönüş* filminden kalın kafalı zorba bir karakter olan Biff'in sözlerini tekrarlıyorum: "Bir ağaç gibi olalım ve burayı terk edelim"[2] ("Yapraklar gibi dökülelim" anlamında).

Bir başka örnek de mizahçı Dave Barry'nin 1929'daki borsa kriziyle ilgili açıklamasıdır: "Ülkenin görünüşte müreffeh ekonomisinin, samandan bir evde yaşayan, ayakları kilden yapılma, gereğinden fazla 'kurt geliyor' diye ağlayan kağıttan bir kaplan olduğu ortaya çıktı."[3]

Tabii ki benzetmeleri karıştıran sadece komedi yazarları değildir. Şairler de bunu yaparlar ancak karışımları daha ustacadır. T. S. Elliot, şiirlerinden birini "unutkan kar" hakkındaki bir mısrayla açar[4] ve William Butler Yeats de rüyalara ayak basmakla ilgili yazar.[5] Kesin olarak biliyoruz ki, kar unutkan olamaz ve rüyaların üzerine de basılamaz. Ancak her iki durumda da benzetmelerin beklenmedik bir şekilde eşleştirilmesi, normalde daha doğrudan bir dille göremeyeceğimiz bazı gerçek şeyleri görmemizi sağlar.

Yeni Antlaşma yazarlarının, şairler gibi kasıtlı bir biçimde benzetmelerini sık sık birbiriyle karıştırdıklarını fark etmiş olabilirsiniz. Pavlus'un Efesliler'e şöyle dediğini düşünün: "Yüreklerinizin gözleri aydınlansın diye dua ediyorum" (Ef. 1:18). Yüreklerin gözleri yoktur ama benzetmeleri karıştırmak bazı derin şeyleri görmemize yardımcı olur.

GEÇİT TÖRENİ YAPAN MEYVE TABAKLARININ FOTOĞRAFLARI

Yeni Antlaşma yazarları kilise ve üyeleri hakkında konuşmaya başladıklarında, sanki bir yarış atındaki turbo düğmesine basarmış gibi, bu karma benzetmelerin itiş gücüne güç katmaktadırlar. Pavlus bir beden içerisine vaftiz edilmekten, sanki bir kişi bir gövdenin içerisine yedirilebilirmiş gibi bahseder. Petrus da, Hristiyanlardan karma bir benzetme olarak "diri taşlar" şeklinde söz eder ve şunu söyler: "O sizi diri taşlar olarak ruhsal bir tapınağın yapımında kullansın" (1.Pe. 2:5). Lisedeki İngilizce dersimde böyle bir cümle yazmış olsaydım, öğretmenim kırmızı kalemini alıp her tarafı çizerdi. Karşılaştığımızda ne olurdu bilmiyorum ama en azından kesinlikle kırmızı kalemi yanında olurdu.

Kutsal Kitap'ı açtığınızda ve Tanrı'nın kilise hakkında söylediklerini okuduğunuzda, kendinizi büyük bir karma benzetmeye bakarken bulursunuz. Kilisenin bir beden, bir koyun sürüsü, bir asmanın çubukları, bir gelin, bir tapınak, Tanrı'nın yapıtı, bir halk, yabancı ve konuk, kutsal bir ulus, Kral'ın kâhinleri, yeryüzünün tuzu, Tanrı'nın İsrail'i, seçilmiş kadın ve benzeri benzetmelerle anıldığını okuyoruz. Tasvirler arka arkaya, birbirleri üstüne yıkılarak önümüze gelmeye devam ediyor. Bu bir fotoğraf albümündeki sayfalarda gezinmek gibidir. Ya da belki bir geçit törenini izlemek veya belki de bir meyve tabağına uzanmak gibidir. Sanıyorum ki bu, geçit töreni yapan meyve tabaklarının resimleriyle dolu bir albüme bakmak gibidir.

Son bölümde, kurumsal yerel kiliseyi ele aldık. Bu, Mesih'in krallığın anahtarlarını kullanmaları ve vaaz ve ruhsal törenler aracılığıyla öğrenciler yetiştirmeleri üzere, özel bir amaç için kurduğu imanlılar meclisidir. Bir yerel kilise *budur*. İsa'nın kanıyla satın aldığı herkesin iyiliği için kurduğu anahtar taşıyan bir bedendir.

Ancak tanımımızı burada sona erdirmek, evliliğin evlilik antlaşması olduğunu söylemek ve evlilik antlaşmasının benzersiz ve şaşırtıcı bir şekilde mümkün kıldığı paydaşlık kurma ve fiziksel yakınlık gibi tüm faaliyetler hakkında hiçbir şey söylememek gibi olurdu. Kurumsal görüşün organik bir görüşle tamamlanması gerektiğini söyledik. Unutmayın, bir kurumun kuralları yalnızca kısıtlamakla kalmaz, aynı zamanda görevler de tayin eder. Kurumun kuralları yetki ve güç verir. Faaliyetler için bir temel inşa eder.

Krallığın anahtarları ve bunlardan sonra Mesih'in Matta 28'de verdiği Yüce Görev, Mesih'in öğrencilerinin Yeni Antlaşma'nın mucizelerini elde etmelerini ve onları yeryüzünde uygulamaya koymalarını sağlamaktadır. İşte kilise için, be-

Bir Kilise ve Üyeleri Neye Benzer?

den, gelin, tapınak, aile vb. tüm Kutsal Kitap benzetmelerinin devreye girdiği yer de burasıdır. Beden, gelin, tapınak ve aile oluşumuzu, kilisenin yargısal faaliyetlerindeki, yani üye kabulü, gözetim ve disiplindeki hesap verme yapıları *aracılığıyla* yaşama geçiririz. Krallığın ve anahtarların kurumsal dili, tüm meyveleri barındıran tabak veya fotoğrafları içeren albüm gibidir.

Tabii ki, İsa'nın krallığı bir benzetme değildir veya en azından kilise için söylenmiş olan bu diğer benzetmelerle aynı düzeyde değildir. İsa'nın krallığı *gerçekten bir krallıktır.* O kendi halkını gerçekten yönetmektedir. Ancak kilise gerçekten bir insan bedeni, elbiseli bir gelin, tuğladan yapılmış bir tapınak, biyolojik akraba olan bireylerden oluşan bir aile vb. gibi *değildir.* Bunlar benzetmelerdir. Bu yüzden, kilisenin ve üyelerinin ne olduğunu tanımlamamıza yardımcı olması için, ilk başta Mesih'in krallığı fikriyle başladık. Ama organik kiliseye ya da bir kilisenin ve üyelerinin *neye benzediği* konusuna dönmeliyiz. Bu üyeler bir beden, hazırlanan bir gelin, bir tapınak, bir aile, Kral'ın kâhinleri vb. gibidirler.

Kilisenin resmi vatandaşların elçiliği olduğunu söylemek bu nedenle yeterli değildir. Brüksel'deki ABD Büyükelçiliği'ne girdiğimde, kimse bana kilisede olduğu gibi bir kardeş olarak seslenmedi. Neden kilisede bana kardeş diyorlar? Çünkü bir kiliseye ait olmak, bir tür aileye ait olmaktır.

Kilise dünyadaki hiçbir şeye benzemez. Aynı anda hem aile, hem beden, hem de sürü gibidir. Örnekler çoğaltılabilir ama ana fikri anlıyorsunuz. En iyi sanatçılar için bile, bu çizilmesi zor bir resimdir.

KİLİSE ÜYELİĞİ

KUTSAL KİTAP BENZETMELERİNİN KİLİSE İÇİN ÖNEMİ

Benzetmeler hakkında ve bu benzetmelerin kilise üyeliğini anlamakta neden bu kadar önemli olduğu hakkında birkaç ilave noktaya daha değinmeme izin verin.

1. *Her biri, kilisedeki birliğimiz hakkında bir şeyleri açıklamakta özel bir rol oynamaktadır.* Her benzetme, bize bir kilisenin ve üyelerinin ne olduğu hakkında farklı bir şey öğretir. Kiliseyi bir aile olarak tanımlamak, kilisenin *ilişkisel yakınlığından* ve *ortak kimliğinden* bahsetmektedir. Kiliseyi bir beden olarak adlandırmak, üyelerinin *karşılıklı olarak birbirine bağımlı* olduğunu, ancak *farklı rollere* sahip olduklarını söylemektedir. Kiliseye Ruh'un tapınağı olarak atıfta bulunmak, Tanrı'nın *kendisini özel olarak burayla birlikte tanımladığını ve bu insanlarla birlikte yaşadığını* söylemektedir. Asma ve çubuklar dilini kullanmak, kilisenin yaşamı için *İsa'ya ve Sözü'ne olan bağımlılığını* bildirir. Anlıyor musunuz?

Bunu bir de birlik açısından düşünün. Evli bir çiftin birliği, bir binadaki iki tuğlanın birleşmesinden farklı bir amaca hizmet eder çünkü bunlar farklı birlik türleridir. Ama kiliselerimizdeki birliğimiz ne gibi olmalıdır? Evlilik birliği gibi mi? Tuğlaların birliği gibi bir birlik mi? Ne? Bir yerel kilise içindeki ilişkilerin doğasını belirleyebilmemiz için, tüm bu farklı tasvirlerden kelimeler ve fikirler ödünç almamız gerekiyor. Harika değil mi?

Dolayısıyla insanlar bana, "Kilise üyeliği Kutsal Kitap'ta var mı?" diye sorduğunda. "Hayır, en azından kastettiğiniz şekliyle Kutsal Kitap'ta yok" demeye meylediyorum. Kutsal Kitap, Hristiyanların yerel kiliselerde birliklerini nasıl sürdürmeleri gerektiğine dair çok daha zengin ve daha

Bir Kilise ve Üyeleri Neye Benzer?

karmaşık bir bakışa sahiptir. Böyle bir soru, aslında meyve dolu tabaklar aramamız gerekirken, sadece elma aramamız gibidir.

Yeryüzünde yerel kiliseye benzer başka bir şey yoktur.

2. *Bir kiliseyi ve üyelerini açıklamak için tüm bu tasvirlere ihtiyacımız vardır.* Tüm bu benzetmelerin veya tasvirlerin özel bir rolü varsa, o zaman hepsine ihtiyacımız vardır. En sevdiğiniz meyveyi meyve tabağından alıp da gerisini bırakamazsınız. "Elmaları alacağım ve portakalları bırakacağım, teşekkür ederim." Hayır, tüm tabağı almalısınız.

Başka bir deyişle, kiliseye dair hangi benzetmenin en önemli olduğuna karar vermeden önce iki kez düşünmelisiniz. Kilise tarihinde bazı Hristiyanlar, kilisenin daha çok Mesih'in bedeni veya Tanrı'nın halkı olduğunu söylemeye çalıştılar. Ama bu, benim bir babadan daha çok bir koca ya da bir kocadan daha çok bir baba olduğumu söylemek gibi bir şeydir. Kabul ediyorum, karım ya da çocuklarım birini ya da diğerini tercih edebilirler ama ben birine indirgenemeyecek şekilde her ikisiyim. Gerçekten kim olduğumu açıklamak için "baba" ve "koca" kategorilerine ve yanında farklı kategorilere ihtiyacınız vardır.

Sağlıksız kiliseler, hatta mezhepler, bazen en sevdikleri benzetmeleri tabaktan alan ve diğerlerini bırakan kilise önderlerinin bir sonucudur. Bunlar ya sadece yakınlıktan (aile) ya da sadece hiyerarşiden (beden) ibaret olurlar.

3. *Bu benzetmelerin her biri yerel anlamda uygulamaya konmaktadır.* Kiliseyle ilgili her Kutsal Kitap benzetmesi, yerel kilisede somutlaşır, vücut bulur. Aile, beden, tapınak, halk – Mesih'in kilisesinin tüm bu tasvirleri sadece havada duran

laflar değildir. Belirli yerlerde somut hale gelirler. Yerel olarak uygulamaya konulurlar.

Ama her yerdeki Hristiyanlar Tanrı'nın ailesine ait değil midir? Evet, öyledirler ama Tanrı size yerel kilisenizle bir aile gibi olma fırsatı vermektedir; her şeyden önce onlara kız ve erkek kardeşleriniz gibi davranırsınız. Mesih'in bedeni tüm dünyadaki Hristiyanlara da uzanmıyor mu? Elbette öyle ama Mesih'in bedeni olarak yaşadığınız yer yerel kilisenizdir. Biriniz ağız, biriniz dirsek ve biriniz de yemek borusu olursunuz.

Bu, şimdiye kadar karşılaştığınız her canlı kiliseyi tanımlamak için bunların hepsine ihtiyacınız olduğu anlamına gelir. First Baptist, Second Presbyterian, St. Mark Lutheran veya The Journey kilisesi olsun, karşınızdaki kişiler Tanrı halkıdır. Karşınızda Ruh'un tapınağı vardır. Mesih'in bedeni vardır. İsa'nın bedeninin sadece bir kolu ya da ayak bileği yoktur.

Pavlus'un 1. Korintliler 12'deki Mesih'in bedeni tasviri, bize bunun harika bir örneğini sunar. Pavlus bu metinde beden ve üyeleri hakkında konuşurken, Korint'teki yerel bedene mi, yoksa evrensel olarak Mesih'in bedenine mi atıfta bulunuyor? Şu cümleyi düşünün: "Sizler Mesih'in bedenisiniz, bu bedenin ayrı ayrı üyelerisiniz" (1.Ko. 12:27). Kulağa yerel geliyor. Ancak bu bölümün önceki ayetlerinde, Pavlus buna kendisini de dahil eder: "*Hepimiz* bir beden olmak üzere aynı Ruh'ta vaftiz edildik" (12:13). Pavlus Korint'te değildi. Öyleyse evrensel kiliseden mi bahsediyor?

Evrensel kilisenin yerel kilisede mevcut olduğunu hatırladığımızda, bu mesele o kadar da zor değildir. Yerel kilise, gelecekteki evrensel kilisenin bir karakoludur. Bu, Pavlus'un o anda belirli bir yöne eğildiği anlamına gelir. "Tam tersine, bedenin daha zayıf görünen üyeleri vazgeçilmezdir" dediğinde (1.Ko. 12:22), bence yerel bedenle ilgili bir vurguya eğilmektedir. Ancak "Hepimiz bir beden olmak üzere aynı Ruh'ta vaftiz edildik" dediğindeyse (1.Ko. 12:13), bence evrensel kiliseyle ilgili bir vurguya eğilmektedir. Kısacası, 1. Korintliler 12 bir yerel kilisenin, Mesih'in son günlerde toplayacağı meclisin günümüzde nasıl görüneceğini somutlaştırmaya nasıl başlaması gerektiğine dair harika bir örnektir.

Bunun tam tersini ortaya koyarsak, yerel bedendeki üyeliğiniz, şu anda, O'nun dünyanın sonundaki bedenine olan üyeliğinizi yansıtan bir resim niteliğindedir. Kafanızda var olan bütün "kilise" fikrinden memnun olabilir, bununla yetinebilirsiniz. Ama İsa bununla yetinmedi. Kendi kilisesinin ve içerisindeki üyeliğinizin gerçek zamanda ortaya çıkmasını istedi. Bu nedenle, yerel kilise olmadan, diğer Hristiyanlara ve kilise önderlerine karşı yükümlülüklerinizi yerine getiremez, en azından Kutsal Yazılar'ın sizi çağırdığı şekilde yerine getiremezsiniz. Diğer Hristiyanlar ve kilise önderleri de yerel kilise olmadan size karşı yükümlülüklerini yerine getiremezler. Mesih'in *bedeni* olmak için Mesih'e ait *bir* bedene ihtiyacınız vardır. Tanrı'nın *ailesi* olmak için Tanrı'nın *bir* ailesine ihtiyacınız vardır.

İsa'nın "birbirinizi sevin" buyruğunu nasıl yerine getirirsiniz (Yu. 13: 34)? Pavlus'un "birbirinizin yükünü taşıyın" buyruğunu nasıl yerine getirirsiniz (Gal. 6:2)? Petrus'un şu sözlerine nasıl uyarsınız: "Her biriniz hangi ruhsal armağanı aldıysanız, bunu Tanrı'nın çok yönlü lütfunun iyi kâhyaları olarak birbirinize hizmet etmekte kullanın" (1.Pe. 4:10)?

KİLİSE ÜYELİĞİ

Tüm bu buyruklara, yerel kiliseniz (buradaki üyeliğiniz) aracılığıyla itaat edersiniz.

Burada tehlikede olanın ne olduğu hakkında düşünmenin başka bir yolu da şudur: "Mesih'te doğru" olduğunu iddia edip de, doğruluğu aramayan bir kişiye nasıl tepki vermeliyiz? Kişiye kendisini aldattığını ve tövbe etmesi gerektiğini söyleriz. Kendilerine karşılıksız olarak Mesih'in doğruluğu verilmiş olanlar, bunun sonucu olarak doğruluğun peşinden giderler (örn. Rom. 6:2, ayrıca bkz. 1.Yu. 3:7). Aynı şekilde, Mesih'in bedenine evrensel olarak ait olduğunu iddia ederken, yeryüzünde Mesih'in bedenine asla katılmayan bir kişiye nasıl cevap vermeliyiz? Kişinin kendisini aldattığını ve tövbe etmesi gerektiğini söylemeliyiz.

İsa'nın bedeni, Baba'nın halkı ve Kutsal Ruh'un tapınağı yücelikle bir araya gelecektir. Ancak harika bir şekilde şu anda yerel kiliselerde, kusurlu da olsa, bu toplanmanın dışavurumlarını, karakollarını veya elçiliklerini bulabilirsiniz.

Yeryüzünde yerel kiliseye benzer başka bir şey yoktur. Yerel kilise zamanın sonundan gelmektedir!

4. Benzetmeler aslında benzetme değil, gölgelerdirler. Bunu Efesliler 5'te görebilirsiniz. Pavlus şöyle diyor: "'Bunun için adam annesini babasını bırakıp karısına bağlanacak, ikisi tek beden olacak.' Bu sır büyüktür; ben bunu Mesih ve kiliseyle ilgili olarak söylüyorum" (Ef. 5:31–32). Pavlus evlilik hakkında konuşuyor ama sonra beklenmedik bir şekilde konuyu değiştiriyor. Burada evliliğin Mesih'e ve kiliseye atıfta bulunduğunu söylüyor. Evlilik, Mesih'in ve kilisenin bir sembolü veya gölgesidir. Burada gerçekliğin evliliğin olduğunu ve Mesih'in kiliseye olan sevgisinin evliliğin bir sembolü olduğunu düşünürsek, bunu tersten anlamış oluruz.

Bir Kilise ve Üyeleri Neye Benzer?

Burada sanki Tanrı, dünyayı yaratmadan önce kendine şöyle demiştir: "Yaratılışın dokusuna, Oğlum'un kiliseye olan antlaşma sevgisinin bir sembolünü veya gölgesini nasıl yerleştirebilirim? Herkesin onu görebilmesi ve çok, çok büyük bir şeyin gölgesinde durduklarını fark edebilmesi için, bunu evrensel olarak nasıl ilan edebilirim?"

Cevap: Tanrı evliliği yarattı. Bu *gerçek* gerçekliğe, yani Mesih'e ve kiliseye işaret eden gölgeli bir taslaktır.

Aynı şey bence kiliseyle ilgili bütün Kutsal Kitap benzetmeleri için geçerlidir. Bunların hepsi, daha büyük şeylerin gölgeleri gibidirler. Pavlus'un göklerdeki Baba'yla ilgili söylediklerini düşünün: "Yerde ve gökte her ailenin adını kendisinden aldığı Baba" (Ef. 3:15). Tanrı, bütün dünyanın göksel Baba'yla sahip olmamız gereken ilişkinin gölgeli bir taslağına ulaşabilmesi için, yeryüzüne dünyasal babalar yerleştirdi.

Tanrı sizce neden kız ve erkek kardeşlerimizi yaratmıştır?

Yine, herkesin şu anda yerel kilisede başlayan ve bizi tamamen zafer içinde bekleyen gerçek gerçekliği belli belirsiz de olsa görebilmesi için.

Peki ya asmadaki çubuklar? Bu bize Mesih'in Sözü'ne olan bağımlılığımızın belli belirsiz bir resmini verir. Şuna inanıyorum ki yüceltildiğimizde, kendisine olan tam ve mutlak bağlılığımız daha da açık bir şekilde görünür hale gelecektir. Tapınak benzetmesinde olduğu gibi, kiliseyle ilgili Eski Antlaşma benzetmeleri bile, geriye dönük olarak İsrail'e atıfta bulunsalar da, esasında gelecek olan çağda ortaya çıkacak büyük gerçekliklere işaret etmektedirler.

KİLİSE ÜYELİĞİ

BÖYLE BİR ŞEY YOK

Neden dünyada yerel kilise ve üyelerine benzer başka bir şey olmadığını söyleyip durduğumu anlamaya başladınız mı? Yerel kilisede paylaştığımız ilişkiler nihayetinde fiziksel bir bedenden daha fazla birbirine bağlı, bir babanın kucaklamasından daha güvenli, kardeşçe sevgiden daha yakın, bir taş evden daha sağlam, bir kâhinlikten daha kutsaldır ve örnekleri daha da çoğaltabiliriz.

İsa'nın yücelikte bizim için hazırladığı şey budur ve şimdiden First Baptist, Second Presbyterian veya The Journey kilisesinde pratiğe dökmeye başladığımız şey de budur. Bunu o hâlâ günahkâr ve yabancı olan, bizim canlarını sıktığımız gibi kendileri de bizim canımızı sıkan insanlarla birlikte pratiğe dökeriz.

Yerel kilise ve üyeleri neye benzer? Bu üyeler bir beden, hazırlanan bir gelin, bir tapınak, bir aile, Kral'ın kâhinleri gibidirler ama her durumda, bunlardan *daha da ötesidirler!*

GERÇEKLERE DÖNELİM Mİ?

Bütün bunları söyledikten sonra, gezegendeki her kilise üyesi, yerel kilisedeki yaşamın kendilerine her zaman bu şekilde hissettirmediğini bilir. Her zaman birbirine çok bağlı, çok güvenli, çok yakın, çok sağlam, çok kutsal gelmez. Hatta, tam tersi gibi gelebilir.

Bir kadın yakın zamanda kilisemize gelmeyi bıraktı. Kilisemizle ilgili hayal kırıklığına uğramış ve kırılmıştı. Bana bir e-postada şöyle yazdı: "İmanlı olup olmadıklarına bakmaksızın, ailemin üyeleri benim için hiçbir kilise ailesinin yapamayacağı kadar fedakârlık yapacaktır. Ve bu nedenle, dürüst olmak gerekirse, artık bu aile ve toplum resmine daha önce inandığım gibi inanmıyorum. Gerçekten güvenebileceğim insanlar, doğduğum aile ve bir ömür boyu sahip olduğum arkadaşlarım olacak."

Bunlar umutları yok olmuş olan birinin sözleridir. Kendisine kilisenin belli bir şey olduğu öğretildi ve sonra çok farklı bir şey tecrübe etti. Bir aileden daha mı birbirine bağlı? Bir babanın kucaklamasından daha mı güvenli? Kardeşlerden daha mı yakın? Gerçekten mi?! Bu kadının tecrübesine göre böyle değildi. Belki sizin için de böyle değildir.

Bu gibi gerçeklikler hakkında ne söylemeliyiz? Bu kadına söylediğim şey şuydu:

Öncelikle, üzgünüm. Günahımız ve yol açtığımız acı için özür dilerim. Günahın gerçek olduğuna ve acının gerçek olduğuna inanıyorum.

Buna ek olarak, lütfen bizi affet. Aynı topluluğa ait olmasak bile, Mesih'te barışabilmemiz için bizi affetmenize ihtiyacımız var.

Son olarak, benimle birlikte Müjde'ye bir göz atar mısınız? Kilisenin üstüne inşa edildiği kaya olan Petrus'u düşünüyorum. Kendisi İsa'ya, O'nu inkar etmeyeceğine dair söz verir ve daha sonra onu inkar eder. Sonrasında, Petrus diğer uluslardan olan (Yahudi olmayan) kilise üyeleriyle dolu bir sınıfla yemek yemeyi reddetmiştir. Yine de İsa, ihanet edenler, ikiyüzlüler, pislikler ve bu Petrus gibi ırkçılar için ölmüştür. Ve Petrus, daha sonra kiliseden "diri taşlar" ve "ruhsal bir tapınak" olarak bahseden kişidir. Ciddi misin Petrus? Mesih'teki kardeşlerinle bu kadar güçlü, sağlam ve ruhsal mı oldun?

İşte iyi haber: Güvenmemiz ve bel bağlamamız gereken şey, Petrus gibi insanların gücü ve sevgisi değildir. İsa'nın gücü ve sevgisidir. O'nun çarmıhtaki işiyle, artık bizler *O'nun* bedeni, *O'nun* ailesi, *O'nun* tapınağı, *O'nun* halkı, *O'nun* sürüsü, *O'nun* sevinci ve tacı yapıldık. Bizi olduğumuz hale getiren O'dur, kendi yaptıklarımız değil. Şimdiyse, O bizi (garip bir şekilde) zaten olduğumuz şey haline getirmek için mükemmelleştirmektedir.

O yüzden sıkı tutunun. Bizimle kalın. Bağışlamada ve sevgide sebat edin. Hedefe varacağız. Kendimizin sayesinde değil, O'nun sayesinde varacağız.

Mesih'te *kardeşin,*

Jonathan

Kilise Üyeliğini Önemli Kılan
On İki Sebep

1) Kilise üyeliği, Kutsal Kitap'a dayanmaktadır. İsa yerel kiliseyi kurdu ve O'nun bütün öğrencileri, hizmetlerini bu kurum aracılığıyla gerçekleştirdi. Yeni Antlaşma'daki Hristiyan hayatı, kilise hayatıdır. Günümüzde de Hristiyanlar aynı beklentide ve istekte olmalıdırlar.

2) Kilise, üyeleridir. Yeni Antlaşma'ya göre "bir kilise" olabilmek için, onun bir üyesi olmanız gerekmektedir (Elçilerin İşleri'ni okuyunuz) ve bir kiliseye üye olmalısınız çünkü İsa'nın kurtarmaya ve kendisiyle barıştırmaya geldiği kişi bizzat kilisedir.

3) Rab'bin Sofrası'nı almak için bir ön koşuldur. Rab'bin Sofrası, toplanmış olan kilise, yani üyeler içindir (bkz. 1.Kor. 11:20, 33) ve Rab'bin Sofrası'nı almalısınız. Bu sofra, kilise takımını diğer uluslara karşı görünür kılan bir tür "forma" gibidir.

4) İsa'yı resmi olarak temsil etmenin bir yoludur. Üyelik, sizin Mesih'in egemenliğinde bir vatandaş olduğunuzun ve bu nedenle İsa'nın resmi bir temsilcisi olduğunuzun kilise tarafından uluslar önünde onaylanmasıdır. Siz de İsa'nın resmi bir temsilcisi olmalısınız. Yine bununla yakından ilişkili olarak...

5) Yüce sadakatimizi ilan etmenin bir yoludur. Takımda "forma" giymenizle görünür hale gelen üyeliğiniz, sadakatinizin asıl olarak İsa'da olduğuna insanların önünde tanıklık ettiğiniz anlamına gelir. Denenmeler ve zulümler olabilir ama sizin tek yaptığınız, "Ben İsa'ylayım" demektir.

6) *Kutsal Kitap'ın benzetmelerini hayata dökmenin bir yoludur.* Yerel kilisenin içerisindeki sorumluluk ve hesap verme düzeni sayesinde Hristiyanlar, "Mesih'in bedeni", "Kutsal Ruh'un tapınağı", "Tanrı'nın ailesi" (bkz. 1.Kor. 12) olmak gibi benzetmeleri hayata döker ve somutlaştırır. Siz de O'nun ailesinin bir parçası olmanın getirdiği güven ve yakınlığı, tapınağındaki ruhsal doluluğu ve bedenin üyeleri arasındaki yakın ilişkileri tecrübe etmelisiniz.

7) *Diğer Hristiyanlara hizmet etmenin bir yoludur.* Üyelik, bizlere dünya üzerinde bizzat sevmek, hizmet etmek, uyarmak ve teşvik etmekle sorumlu olduğumuz Hristiyanların kim olduğunu gösterir. Bu, Mesih'in bedenine karşı, Kutsal Kitap'ta buyrulan şekliyle sahip olduğunuz sorumlulukları yerine getirmenize yardım eder (örnek için bkz. Ef. 4:11-16; 25-32).

8) *Hristiyan önderleri izlemenin bir yoludur.* Üyelik dünyada hangi Hristiyan önderlere itaat edip izlemeniz gerektiğini bilmenize yardım eder. Daha önce de söylediğimiz gibi, önderlere karşı Kutsal Kitap'tan gelen sorumluluklarınızı yerine getirmenize yardım eder (bkz. İbr. 13:7; 17).

9) *Hristiyan önderlerin önderlik etmesine yardım eder.* Üyelik Hristiyan önderlere, dünyada hangi Hris-

tiyanlardan "sorumlu olduklarını" gösterir (Elç. 20:28; 1.Pe. 5:2).

10) Kilise disiplininin işlemesini sağlar. Kilise disiplininin işleyişine sorumlulukla, bilgelikle ve sevgiyle katılma noktasında, Kutsal Kitap'ın size verdiği yeri bildirir (1.Kor. 5).

11) Hristiyan yaşamına düzen getirir. Bu, bir Hristiyan'ın İsa'yı izlediği ve O'na itaat ettiğine yönelik iddiasının, üzerimizde kilise yetkisi varken, pratikte de denenmesini sağlar (bkz. Yuh. 14:15; 1.Yu. 2:19; 4:20-21). *Tanrı'nın öğrenci yetiştirme programıdır.*

12) Tanıklar yaratır ve dünyayı davet eder. Üyelik, İsa'nın bir yandan halihazırda işlemekte olan egemenliğini, seyirci olan evrenin karşısına çıkarır (bkz. Mat. 5:13; Yu. 13:34-35; Ef. 3:10; 1.Pe. 2:9-12). Kilise üyeliğinin etrafında çizilen sınırlar sayesinde, bu sınırların içerisinde yer alan topluluk, dünya uluslarını daha iyi bir şeye (yere) davet etmeye başlar. *Tanrı'nın müjdeleme programıdır.*

5

ÜYELİĞİN "STANDARTLARI" NELERDİR? (ÜYE OLMA SÜRECİ)

Bazı insanlar kilise üyeliğini reddederler çünkü bunun insanlara yapmak istemedikleri bazı şeyleri yaptırmak anlamına geldiğini düşünürler. Ya da bunun girişte istenilen belli davranış standartları ortaya koymak anlamına geldiğini düşünürler. Her ikisi de kulağa Tanrı'nın karşılıksız olan lütfunun tam tersi şeyler gibi gelir.

İnsanların neden böyle düşündüğünü anlamak zor değildir. Genel olarak, üyelik bir tür standarda uymayı içerir. Golf kulübü için yeterince zengin, havalı bir topluluk için yeterince havalı, münazara takımı için yeterince akıllı, futbol takımı için yeterince hızlı ve hayırseverler topluluğu için yeterince şefkatli olmalısınız.

Bir şeyin üyesi olmak, tanım gereği, başkalarının olmadığı *bir şey* olmaktır. Bu da kulağa tehlikeli bir şekilde dışlayıcı gelir, öyle değil mi? Kilise üyeliği fikri Hristiyanları ahlakçılığa veya Ferisiliğe yöneltemez mi? Hristiyanlık standartlarla ilgili değildir. Karşılıksız lütufla ilgilidir. O zaman bu standartları nasıl oluşturabiliriz?

Üyeliğin "Standartları" Nelerdir?

Gerçek şu ki, kilise üyeliği konusunda ahlakçılığa kaymak kolaydır. Daha önce bir kilise üyesinin pasaport taşıyan bir İsa temsilcisi olduğunu söyledim ve bu söylediğime sadık kalacağım. Ama düşüncemizin ne kadar çabuk yanılabileceğini bir düşünün: İsa kusursuz bir biçimde kutsaldır. Bu nedenle, İsa'yı temsil etmek kutsal olmak anlamına gelmelidir. Bu da, kilise üyeliğinin standardının kutsallık olduğu anlamına gelmelidir. Bu nedenle, benim gibi kutsal olmayan herkese tepeden bakacağım. Belki de onları kiliseme bile sokmamalıyım. Çocuklarını benim yaptığım gibi ev okulunda eğitmiyorlar. Ya da benim yaptığım gibi tutkuyla dua etmiyorlar. Ya da benim yaptığım gibi hizmet gezilerine çıkmıyorlar. Ya da benim yaptığım gibi tutumlu harcamalar yapmıyorlar.

Bu sözlerin nereye gittiğini görüyor musunuz? Kilise üyeliği fikrinin tamamı, insanların nasıl *performans* gösterdiğine bakılarak birinci sınıf vatandaşlar, ikinci sınıf vatandaşlar ve vatandaş olmayanlar gibi sınıflar yaratabilirmiş gibi görünüyor. Ama bu lütuf ve Müjde karşıtı bir iştir. Bu kitabın savunduğu şey bu mudur?

Kilise üyeliğinin "standartları" tam olarak nelerdir?

KİMLER DAHİL OLABİLİR?

Kiliselerde ihtiyar olarak hizmet ederken keyif aldığım ayrıcalıklardan biri de, üyelik görüşmeleri yapma fırsatıdır. Bunun koyunların ahırının kapısında durmak ve ne tür hayvanların içeri girdiği konusunda dikkatli olmak gibi bir şey olduğunu söyleyebilirsiniz. Koyunları istersiniz, kurtları değil.

KİLİSE ÜYELİĞİ

Bir kişinin bu görüşmede söylediklerine dayanarak, bireyle ilgili diğer ihtiyarlara tavsiyede bulunabilirim ve onlar da bireye dair tüm topluluğa tavsiyede bulunabilir. İsa, anahtarların gücünü yerel kiliseye verdiği için, bunun nihayetinde ihtiyarların değil, kilisenin kararı olduğuna inanıyoruz.

Kimler dahil olabilir? İşte çok basit bir cevap: Hristiyanlar. Yani, kilise üyeliği için standart, bir Hristiyan olma standardından daha yüksek veya daha düşük olmamalıdır. Elbette bir istisna dışında ve bu konuya da hemen birazdan geleceğim. İstediğiniz şey koyunları onaylamaktır.

Kilise üyeliği, yerel bir kilisenin bir Hristiyan'ın bireysel olarak yaptığı iman ikrarını onaylamasıyla başlar. İsa'nın Petrus'a yaptığı gibi, kişiye İsa'nın kim olduğunu sorarız. Petrus'un İsa'ya yaptığı gibi, kişi İsa'nın yaşayan Tanrı'nın Oğlu Mesih olduğunu söyleyerek cevap verir ve bu kelimelerin ne anlama geldiğini bilir. Başka bir deyişle, insanlar bir kiliseye katılmak için Müjde'yi anlamalı ve O'na inanmalıdır.

İnsanlar Müjde'yi her zaman iyi açıklayamazlar ama bir şekilde açıklayabilmelidirler. Resmi olarak İsa'nın temsilcileri olarak adlandırmadan önce kimi temsil ettiklerini söyleyebilmelidirler. Ana dili İngilizce olmayan bir kadınla yaptığım bir görüşmeyi hatırlıyorum. Ona Müjde'nin ne olduğunu sorduğumda, bana sorgulayan gözlerle baktı ve sanki daha önce hiç duymamış gibi "Müjde mi?" dedi. Ardından, "İsa Mesih'in iyi haberi" dedim. Bu açıklama onun zihnindeki ışıkları yaktı ve Müjde'yi gayet iyi açıkladı. Kilisemiz onu üye olarak adlandırmaya başladı. Bunu yapmak bir basın açıklaması yapmak gibidir: "Uluslara duyurulur: Artık İsa'nın nasıl biri olduğunu bilmek için bu kadına bakabilirsiniz. O resmi bir İsa temsilcisidir."

Üyeliğin "Standartları" Nelerdir?

Müjde'yi açıklayamayan kişilerle görüşme yaptığım zamanlar da oldu. Hristiyan olmanın, "elinden geleni yapmak" olduğunu söyleyen bir kadınla görüştüğümü hatırlıyorum. Farklı sorular sorarak, daha iyi cevaplar alabileceğimi düşünerek meseleye başka açılardan yaklaşmaya çalıştım. Ama karşıma daha iyi bir cevap çıkmadı. Bu şekilde üyelik aşamasına geçemeyeceğimizi söylediğimde, kadın ağladı. Ben de ağlamak istedim. Kadının zorlu hayat hikayesini dinleseniz, siz de öyle hissederdiniz. Ama böyle yapmak ne ona, ne de kiliseye karşı sevgi göstermek olurdu.

Bu nedenle bu kadını altı oturumda Markos Müjdesi'ne bakmak üzere kiliseye davet ettim. Kabul etti. Kilisede bir kadınla buluştu. Birkaç hafta sonra, tekrar bir görüşme yapmak üzere yeniden buluştuk. Bu sefer kadın Müjde'yi harika bir şekilde açıkladı ve kilisemize katıldı. "Uluslara duyurulur: Buraya bakın! İşte bir başka temsilci daha!"

Belki de yaptığım şeyi "kadını uğraştırmak" olarak adlandırabilirsiniz. Umarım, bunun yerine buna bu kadına çobanlık etmek ve Müjde'yi bilip gerçekten iman ettiğinden emin olmak adını verirsiniz. Tabii ki, bu aynı zamanda kiliseyi ve İsa'nın itibarını gözetmektir.

İMAN

Kilise üyeliğinin, İsa'nın Petrus'a yaptığı gibi, bir kilisenin bir kişinin iman ikrarını onayladığı zaman başladığını söyledim. Bu süreci kolaylaştırmak için, kiliseler genellikle konuşmayı yapan herkesin aynı şeyleri söylediğinden ve aynı şeylere inandığından emin olmak için belirli bir inanç açıklaması kullanırlar.

KİLİSE ÜYELİĞİ

Örneğin, Mormonlar, Yehova Şahitleri ve bazı liberal Protestanlar, İsa'ya olan imanlarını tıpkı Petrus'un yaptığı gibi ikrar edeceklerdir. Ama İsa'nın Tanrı olduğunu söylemezler. Peki hangi İsa'dan bahsediyoruz? Bir kilisenin iman açıklaması, meseleyi açıklığa kavuşturmaya yardımcı olur.

Erken dönemdeki kilisede, bazıları İsa'nın tamamen insan olduğunu reddediyordu. Elçi Yuhanna'nın bir kiliseyi bu konuda ayrımcı olmaya nasıl teşvik ettiğini dinleyin:

> Sevgili kardeşlerim, her ruha inanmayın. Tanrı'dan olup olmadıklarını anlamak için ruhları sınayın. Çünkü birçok sahte peygamber dünyanın her yanına yayılmış bulunuyor. İsa Mesih'in beden alıp geldiğini kabul eden her ruh Tanrı'dandır. Tanrı'nın Ruhu'nu bununla tanıyacaksınız. İsa'yı kabul etmeyen hiçbir ruh Tanrı'dan değildir. Böylesi, Mesih Karşıtı'nın ruhudur. Onun geleceğini duydunuz. Zaten o şimdiden dünyadadır. (1.Yu. 4: 1-3)

"Evet, ben de İsa'ya inanıyorum. Ben de tıpkı sizin gibiyim" diyerek peygamberlik edenler vardı. Ancak Yuhanna onlara "Biraz sorgulamanız gerek. Aslında sizin gibi olmayabilirler" dedi.

İki bin yıl geçti ve yanlış öğreti yalnızca daha da fazla çoğaldı. Bu yüzden çoğu kilisenin Tanrı, Kutsal Yazılar, günah, kurtuluş, kilise ve İsa'nın dönüşü konularını ele alan iman açıklamaları vardır.

Üyeliğin "Standartları" Nelerdir?

Bir kişiden iman açıklamasını kabul etmesini istemenin hedefi profesyonel teologları onaylamak değil, Hristiyanları onaylamaktır. İsa'nın standartlarını dinleyin: "Kim bu çocuk gibi alçakgönüllü olursa, Göklerin Egemenliği'nde en büyük odur. Böyle bir çocuğu benim adım uğruna kabul eden, beni kabul etmiş olur" (Mat. 18:4–5). Başka bir deyişle, kiliseler Tanrı önünde Ruh tarafından verilen bir yürek ezikliği ve alçakgönüllülük duymak için kulaklarını açmalıdırlar. Böyle bir yüreği eziklik neye benzer? Bu şuna benzer: "Evet, ben çürümüş bir günahkârım. Evet, Tanrı beni yargılamalı. Ama evet! İsa günahlarım için çarmıhta öldü. Artık O benim Rab'bim ve O'nu izliyorum."

Alçakgönüllü bir yürek neye benzer? İyi öğretiye adım atmış olan ve Kutsal Kitap'ın Tanrı ve bizim hakkımızda söylediklerine güvenen bir yürektir.

TÖVBE

Hristiyanlık sadece imanla başlamaz. Bu nedenle kilise üyeliği de böyle başlamaz. Her ikisi de tövbeyle başlar. İsa şöyle vaaz etti: "Tanrı'nın Egemenliği yaklaştı. Tövbe edin, Müjde'ye inanın!" (Mar. 1:15).

İyi öğreti ve iman gibi, tövbe de Ruh tarafından ezilen bir yüreğin meyvesidir.

Üyelik görüşmeleri yapanlar için gerçekten bir tür standartlar rehberi yazsaydım, doğrudan Matta'nın harika sözlerine başvururdum. Şunun gibi bir ifadede bulunurdum:

Ruh'ta yoksul olanları, günahlarının yasını tutanları; hak iddia etmeyen, her zaman kendi yolunda ısrar etmeyen ve uysal olanları; günahtan ve getirdiği tüm saçmalıklardan ölesiye bıkmış olan ve bu nedenle doğruluğa aç ve susamış olanları arayın. Böyle insanları bulduğunuzda, İsa'nın kim olduğunu bildiklerinden emin olun. Yoksul ruhlarını dolduran, günahlarını bağışlayan, yaşamlarını ve ibadetlerini kabul eden ve bağlı olup takip ettikleri doğruluğa sahip olan kişinin İsa olduğundan emin olun. Böyle insanları bulduğunuzda, onlara size katılmalarını (üye olmalarını) söyleyin!

Bir kişinin ahlaki mükemmelliğinin onu kilise üyeliği için nitelikli kılmadığı noktasına dikkat edin. Tam tersi geçerlidir. Burada olan, kişinin ahlaki yeterlilikte yetersiz ve buna aç olduğunu kabul etmesidir. Bunlar hiç günah işlemeyen insanlar değil, günaha karşı mücadele eden insanlardır. Bir kilisenin yargısal işi doğru olanları değil, doğru olmayan ancak doğruluk için, yalnızca Mesih'te Tanrı'nın sunabileceği doğruluk için susamış olanları onaylamaktır.

Bunu söylemenin şöyle bir yolu daha var: İnsanları bir kilise için kabul edilebilir kılan şey, kendi ahlaki paklıkları değil, Mesih'in pak olmasıdır. Kendilerini kurtarmak için yaptıkları şey değil, Tanrı'nın onları kurtarmak için yaptığı şeydir.

VAFTİZ

İnsanların gerçekten bir kiliseye katılmadan önce görüşme için bir ihtiyarla kilise ofisinde oturmaları gerekiyor mu? Hayır, kilisenin onay damgasını vurmadan önce kişinin

Üyeliğin "Standartları" Nelerdir?

İsa'yı temsil ettiğinden emin olmanın farklı yolları vardır. Bu konuda 8. bölümde daha fazla düşüneceğiz.

Şimdi bakmamız gereken şey, kiliselerin kurtuluşun ötesinde üyelerinden talep etmesi gereken bir şeyin *mevcut* olduğudur ve bu da vaftizdir. 2. bölümde Yeni Antlaşma'daki Hristiyan yaşamının ilk adımının her zaman vaftiz olduğunu gördük. Kalabalıklar Petrus'a kurtarılmak için ne yapmaları gerektiğini sorduğunda, Petrus, "Tövbe edin, her biriniz İsa Mesih'in adıyla vaftiz olsun" diye cevap verdi (Elç. 2:38). Roma kilisesine yazan Pavlus, hepsinin vaftiz edildiğini varsaydı (Rom. 6:4). Üstelik bu, İsa'nın öğrencilerine, öğrenci yetiştirirken yapmalarını buyurduğu ilk şeydir (Mat. 28:19).

Vaftiz bir insanı kurtarmaz ancak İsa, kurtulmuş bireylerinin kendisi ve halkıyla herkese açık bir şekilde özdeşleşmesini istemiştir. Bu, İsa'da vatandaş olanların nasıl resmi birer vatandaş haline geldiğinin bir parçasıdır. Bayrağı ellerine alıp sallama şekilleridir.

Benzer şekilde, kiliseler iki bin yıldır vaftizi üyelik için bir ön koşul olarak görmüşlerdir. Kutsal Kitap, "bir kiliseye katılmadan önce vaftiz olmalısın" diyor mu? Hayır, ama şöyle diyor: "Tövbe et ve vaftiz ol." Kendinizi Mesih'in halkıyla özdeşleştirmek ve sizinle özdeşleşmelerini onlardan beklemek istiyorsanız, önce vaftizin amacı olan Mesih'le özdeşleşmeniz gerekir. Vaftizi reddetmek, açıkçası, tövbe etmemiş olmak gibi görünebilir. Mark Dever'ın da dediği gibi, suda ıslanmak İsa'nın verdiği en kolay buyruktur. Bundan sonra buyruklar giderek zorlaşır.

KİLİSE ÜYELİĞİ

SONUÇ

Bir pastör arkadaşım birkaç hafta önce beni aradı ve belli bir adamın kilisesine yeniden katılmasına izin verip vermeme konusunda fikrimi sordu. Bu adam birkaç ay önce üyelikten çıkmıştı ama şimdi geri dönmek istiyordu. Kendisi biraz sıkıntılı bir kişiydi. Açıkça bölücülük yapmıyordu ama olgun değildi ve zaman zaman önderlerin canını sıkıyordu. Arkadaşım adamın tekrar katılmasına izin vermemeyi düşünüyordu.

Ona adamın Hristiyan olduğunu düşünüp düşünmediğini sordum. Yavaş ve biraz da isteksiz bir şekilde, "Evet" cevabını verdi.

Ona kalabalık bir alışveriş merkezinde ayağa kalkmaya, bu adamı işaret etmeye ve herkese İsa'nın temsilcisi olduğunu söylemeye istekli olup olmayacağını sordum. Daha da isteksiz bir şekilde "Sanırım" cevabını verdi.

"O zaman bence tekrar katılmasına izin vermelisin. Can sıkıcı Hristiyanların da kiliselerimize katılmasına izin vermeliyiz" dedim.

Kiliseler sadece can sıkıcı olmayan insanları değil, can sıkıcı olduklarını ve bununla savaşmaya istekli olduklarını kabul eden insanları da aramalıdırlar.

Bir nevi benim gibi. Belki de sizin gibi insanları?

6

BİR HRİSTİYAN BİR KİLİSEYE NASIL TESLİM OLUR? (ÜYE OLMAK)

Daha önce Hristiyanların kiliselere katılmadıklarını, onlara teslim olduklarını söylemiştim. Sonuçta, İsa kiliselere dünyada insanları bağlama ve çözme yetkisi vermiştir ve bu da Hristiyanların kiliselere, aynı İsa'ya oldukları gibi, teslim olmaya çağrıldıkları anlamına gelir. Bu bir çocuğun kendi ebeveynlerini onurlandırarak, Tanrı'yı onurlandırması gibidir.

"Teslim olma" kelimesi günümüzde çoğu insanı korkutuyor çünkü kısmen kilise önderliği de dahil olmak üzere, birçok önderliğin kötüye kullanıldığını görüyoruz. Yine de, Kutsal Kitap boyunca Tanrı, yetkiyi bizim iyiliğimiz için yarattığını ortaya koymaktadır. Tüm yaratılışın Yazarı, bizi yaratmak ve kutsamak için yetkisini kullandı. Kendisi aynı şekilde, yetki verdiği insan kâhyalarının, yetkilerini diğer insanlar için yaşam ve refah yaratmakta kullanmalarını istemektedir (örneğin okuyunuz 2.Sa. 23:3-4; ayrıca Yşa. 11:2–10).

O zaman kiliseye teslim olmak ne anlama geliyor ve bu bizim iyiliğimiz için midir?

YILDIZLI BİR GECE

Bu soruları cevaplamaya, bir arabaya binerek ve Arizona'ya giderek başlayalım.

Bir keresinde Büyük Kanyon'dan çok kısa bir mesafede, Arizona çölünde kamp yapmaya gittim. İlk gece, uyku tulumlarımızı yıldızların altına serdik. Daha önce hiç böyle bir şey görmemiştim. Açık çöl havasında, yıldızlar o kadar parlak bir şekilde parlıyordu ki, elinizi kaldırabilir ve neredeyse gölgesini yerde görebilirdiniz.

Bu gökyüzünü görmenizi istiyorum. Göğe bakmanızı ve on bin elmasla süslenmiş siyah bir tuval görmenizi istiyorum.

Neden mi? Bu, Pavlus'un dünyadaki Hristiyanları ve kiliseleri resmetme şeklidir. Filipi antik kentindeki Hristiyanlara şu isteğini iletti:

> Aralarında evrendeki yıldızlar gibi parladığınız bu eğri ve sapık kuşağın ortasında kusursuz ve saf, Tanrı'nın lekesiz çocukları olasınız. (Flp. 2:15)

Filipi şehri o karanlık tuvaldi. Hristiyanlarsa buranın elmastan ışıkları olacaktı. Şehir eğri ve ahlaksızdı. Hristiyanlarsa kusursuz ve saf olmalıydı.

Görebiliyor musunuz? Pavlus bu imanlıların evlerinde ve iş yerlerinde, markette ve oyun parkında parlamalarını istedi.

Ama Pavlus'un söylediklerinde kaçırmamanız gereken bir şey var. Sadece birbirlerinden ayrı olduklarında parlayıp ışık saçmalarını istemedi. *Birlikte sürdürdükleri yaşamları aracılığıyla* parlamalarını istedi.

Size parlayan yıldızlarla ilgili bir ayeti gösterdim. Ama biraz daha geniş açıdan bakın. Bu ayetten birkaç paragraf önce Pavlus, okuyucularına "Mesih'in Müjdesi'ne layık" bir yaşam sürdürmelerini istediğini söyler (Flp. 1:27). Müjde'ye layık bir yaşam neye benzer?

Pavlus, Filipililer için böyle layık bir yaşamın iki resmini çizdi. İlk resim, Pavlus'un Filipi kilisesinde görmek istediği şeydi. Onlara "tek bir ruhta" sağlam durmalarını, Müjde'yi "tek can halinde" savunmalarını, "aynı düşüncede" olmalarını, "aynı sevgide" olmalarını, "aynı ruhta ve amaçta" birleşmelerini söyledi (Flp. 1:27–2:2).

Bu tek renkli bir resim, değil mi? Birlikte sahip oldukları yaşam, birliğin rengidir ve onların da birbirlerine tabi olarak, birlik rengiyle boyamaları gerekmektedir. Pavlus onlara buyruk vermeye şöyle devam ediyor: "Hiçbir şeyi bencil tutkularla ya da boş övünmeyle yapmayın." Bunun yerine şöyle diyor: "Her biriniz alçakgönüllülükle öbürünü kendinden üstün saysın" ve "Yalnız kendi yararını değil, başkalarının yararını da gözetsin" (Flp. 2:3–4). Birlik resmi, başka bir deyişle, karşılıklı teslim olmanın bir resmidir.

Bununla birlikte, Pavlus bu ilk resmi bitirmeden önce, kendi sözünü keser ve ilki için bir model olması gereken ikinci bir teslim olma resmi çizer. Söz konusu bu birlik, teslim olma ve sevgi olduğunda, Pavlus şöyle der: "Mesih İsa'daki düşünce sizde de olsun. Mesih, Tanrı özüne sahip olduğu halde, Tanrı'ya eşitliği sımsıkı sarılacak bir hak saymadı." Dahası, "insan biçimine bürünmüş olarak ölüme, çarmıh üzerinde ölüme bile boyun eğip kendini alçalttı!" Harika bir şekilde, "Bunun için de Tanrı O'nu pek çok yükseltti ve O'na her adın üstünde olan adı bağışladı" (Flp. 2:5-9).

İki resim arasındaki bağlantıyı görüyor musunuz? Bu ikinci resim, Müjde'nin bir resmidir. Mesih insan olur, çarmıha gerilir ve ölümden dirilir. Mesih sadece kendisinin yapabileceği şeyi yapar. Günahın bedelini öder ve ölümü yener. İlk resim, bu Müjde'ye layık bir yaşamın resmidir. Bu, Mesih'in halkı arasında uysal sevgiye ve alçakgönüllü birliğe adanmış bir yaşamdır.

Pavlus temelde şöyle demektedir: "Müjde'ye iman ettiğini söyleyen bir kişinin diğer Hristiyanlarla beraber nasıl yaşaması gerektiğini öğrenmek ister misiniz? Sadece Kurtarıcınız'a bakın!"

Mektubun bu noktasında, Pavlus ilk resme geri döner. Onlara itaat etmeye devam etmelerini söyler. Kurtuluşlarını saygı ve korkuyla yaşamalarını söyler. Şikayet etmeden ve tartışmadan her şeyi yapmalarını ve lekesiz, saf olmalarını söyler. Böylece, göklerdeki yıldızlar gibi parlayacaklardır (Flp. 2:12-16).

Hristiyanlar birbirlerine tabi olarak kiliselerinde birlik için çabaladıklarında, kiliseleri karanlık bir şehrin sokaklarındaki veranda ışıkları gibi, gece ormanlardaki fenerler gibi parlayacaktır.

İşte *bu*, Müjde'ye layık bir yaşam ve Müjde'ye layık bir kilisedir.

Bu dünyanın ne kadar karanlık ve kayıp olduğunu biliyorsanız, bunun ne kadar güzel bir resim olduğunu görebilirsiniz. Bozulmuş evlilikleri, ırksal adaletsizliği, terk edilmiş

Bir Hristiyan Bir Kiliseye Nasıl Teslim Olur? (Üye Olmak)

çocukları, insanları köleleştiren birçok bağımlılık türünü biliyorsunuz. Yalnızlığı, acıyı ve kaygıyı gördünüz. Öfke, nefret, kibir ve tüm bu şeylere eşlik eden kendini aldatma ve kendini haklı çıkarma gibi durumları yaşadınız. Bunlardan bazılarını başkalarında, bazılarını da kendinizde gördünüz.

Ama bu parlayan ışıkları karanlık dünyaya tutmak! Kiliselerimizin olmasını ve yapmasını istediğiniz şey bu değil midir?

BİR YEREL KİLİSEYE TESLİM OLMANIN SEKİZ YOLU

Pavlus, Filipi kilisesinin gözlerinin içine baktı ve Mesih'in kendisini diğerlerinin iyiliğine teslim etmiş olduğu gibi, onlara kendilerini birbirlerinin iyiliğine teslim etmelerini söyledi.

Aynı şey biz ve yerel kiliselerimiz için de geçerlidir. Tıpkı Mesih'in tüm yaşamını bizim iyiliğimize teslim etmesi gibi, bizler de tüm hayatımızı birbirimizin iyiliğine teslim etmeliyiz. Yaşamımızın bazı alanlarda başkalarının iyiliğini düşünmekten muaf olmamız gibi bir şey söz konusu değildir. Özellikle kendimizi kiliselerimize topluma açık olarak, fiziksel, sosyal, duygusal, finansal, mesleki, ahlaki ve ruhsal olarak sunmalıyız.

Topluma Açık Olarak

İlk olarak, Hristiyanlar yerel kiliselerine topluma açık olarak teslim olmalıdırlar ve bununla resmi olarak teslim olmayı kastediyorum. Düzenli olarak Rab'bin Sofrası'nı alacakları yerel imanlılar bedenine kendilerini adayarak, bir kiliseye üye olmalıdırlar. İsa, kendisini kilisesiyle topluma açık bir şekilde özdeşleştirmiştir. Bizler de bir kiliseye üye olarak topluma açık bir şekilde İsa'yla ve halkıyla özdeşleşmeliyiz. (Bunun zulüm gören kilise için ne anlama geldiğini anlamak için 8. bölüme bakınız.)

Fiziksel/Coğrafi Olarak

İkincisi, Hristiyanlar yerel kiliselerine fiziksel ve belki de coğrafi olarak teslim olmalıdırlar. Kiliseyle düzenli olarak toplanarak, fiziksel olarak tabi oluruz. İbraniler'in yazarı şöyle diyor: "Bazılarının alıştığı gibi, bir araya gelmekten vazgeçmeyelim" (İbr. 10:25; ayrıca bkz. Elç. 2:42–47). Her Rab'bin Günü'nde bir araya gelin (Elç. 20:7; 1.Ko. 16:2).

Şimdi, bahisleri biraz yükseltmeme izin verin. Eğer *yapabiliyorsanız*, coğrafi olarak kiliseye yakın yaşayarak, "Her biriniz alçakgönüllülükle öbürünü kendinden üstün saysın" ve "Yalnız kendi yararını değil, başkalarının yararını da gözetsin." Bir kişi bir kiliseye ya da üyelerin yoğun yaşadığı bölgelere yürüme mesafesinde yaşadığında, insanları akşam yemeği için evine davet etmesi, küçük işleri yaparken birbirlerinin çocuklarıyla ilgilenmesi, birbirleri için ekmek ya da süt alması gibi şeyler daha kolaydır. Başka bir deyişle, coğrafi yakınlık olduğunda günlük yaşamı kiliseyle bütünleştirmek daha kolaydır.

Ne tür bir ev satın alacağınızı veya bir daire kiralayacağınızı düşünürken, Hristiyanların da Hristiyan olmayanların sorduğu sorulardan bazılarını sormasında fayda vardır (Fiyatı nedir? Yakınlarda iyi okullar var mı?). Ama Hristiyanlar şunlar gibi ek sorular sormakla iyi ederler:

• Konut kredisi veya kira ödemem başkalarına karşı cömertlik yapmaya el verecek mi?

• Öğrenci yetiştirme ve konukseverlik için diğer kilise üyelerine bana hızlıca ulaşabilme imkanı tanıyacak mı?

Ailemizin tecrübe ettiği son taşınma sırasında, coğrafi olarak kiliseye teslim olma meselesi, her ikisi de uygun fiyatlı olan ancak çok farklı olan iki ev arasında bir seçime dönüşmüştü. Birinci ev daha yeniydi, daha iyi tasarlanmıştı, daha alımlıydı, tamirat gerektirmiyordu ve daha ucuzdu. Ancak kilise binasına arabayla otuz dakika uzaklıktaydı ve etrafında neredeyse hiç kilise üyesi yoktu. İkinci ev daha eskiydi, daha basitti, çürüyen bir verandası ve bazen sel basan bir bodrum gibi çeşitli onarımlara ihtiyaç duyuyordu ve daha pahalıydı. Ancak kilise binasından sadece on beş dakikalık bir mesafede ve daha da önemlisi, bir düzine (şimdi iki düzine) kilise ailesine yürüme mesafesindeydi. Birkaç ihtiyarın öğütlerini duymak istedim ve hepsi kilise ilişkilerine öncelik vermemi tavsiye etti. Bu aslında daha eski, alımlı olmayan, daha pahalı bir ev seçmek anlamına geliyordu.

Şükürler olsun ki, öyle yaptık ve bu tüm ailemiz için ne kadar da bereketli oldu! Karım neredeyse her gün diğer annelerle ve çocuklarımız da onların çocuklarıyla iletişim kuruyor. Hafta içi her sabah dua etmek ve Kutsal Yazılar'ı okumak için bir buçuk yıl boyunca bir kardeşle buluştum. Kilise ailelerimiz de komşularımıza hizmet etmek ve müjdeleme yapmak için birlikte çalışabiliyorlardı.

KİLİSE ÜYELİĞİ

Bir Hristiyan kilisesinin diğer üyelerine daha yakın olmak zorunda mıdır? Hayır, Kutsal Kitap bunu buyurmaz. Ama bu kilisenizi sevmenizin somut bir yoludur.

İsa bizim iyiliğimiz için fiziksel ve coğrafi olarak kendini teslim etmiş miydi? Bizim için gökleri bıraktı!

Sosyal Olarak

Üçüncüsü, kendimizi sosyal olarak da teslim etmeliyiz. Kiliseler sosyal kulüplerden daha fazlası olmalı ve kesinlikle bunlardan daha azı olmamalıdırlar. Hareketlerini model aldığımız ve takip ettiğimiz insanlar arkadaşlarımızdır. Onların paralarını harcadıkları yerlerde paramızı harcarız. Çocuklarımızı onlar gibi yetiştiririz. Onlar gibi dua ederiz. Birbirimizi model aldığımızdan dolayı, arkadaşlarımız bizim kim olduğumuzu şekillendirir (bkz. Yak. 4:4; ayrıca bkz. 1.Ko. 15:33).

Yerel kilise topluluğu, Hristiyanları dostluğun tüm dinamikleriyle birbirlerini iyiye doğru şekillendirdiği bir yer olmalıdır. Hristiyan arkadaşlar aynı yerel kilisenin içinde veya dışında kesinlikle değerlidirler. Ancak yerel bir kilise içindeki arkadaşlar aynı Tanrı Sözü hizmetiyle şekillendirilecekler ve bu da onlara bu hizmeti hafta boyunca birbirlerinin yaşamlarına daha dikkatli bir şekilde genişletme fırsatı verecektir.

Ayrıca, kilise sosyal konfor alanlarımızın dışına çıkmak için güvenli bir yer olmalıdır. Yaşlı ve genç, zengin ve fakir, eğitimsiz ve eğitimli, bir etnik grup ve diğeri arasında dostluklar oluşmalıdır.

Bir Hristiyan Bir Kiliseye Nasıl Teslim Olur? *(Üye Olmak)*

Hiç kafanızın içinde şöyle bir ses duydunuz mu: "Ama onunla arkadaş olmak istemiyorum. O benim gibi değil. Farklı geçmişlerimiz var. Benzer şeylerle ilgilenmiyoruz"? Ben kesinlikle duydum. Ancak Pavlus'un nasıl cevap verebileceğini düşünün: Mesih, Tanrı özüne sahip olduğu halde, Tanrı'ya eşitliği sımsıkı sarılacak bir hak saymadı. Bunun yerine kendini boş kıldı. O sizin aksinize, Tanrı'ydı! Sonra sizin gibi, insan oldu!

Aynı alçakgönüllülükle, arkadaşlarınızı seçmek söz konusu olduğunda başkalarını kendinizden üstün sayın. Kendi çıkarlarınızı değil, onların çıkarlarını düşünün.

Duygusal Olarak

Arkadaşlığın bir bileşeni de, elbette, duyguların paylaşılmasıdır. Hristiyanlar birbirlerine duygularını teslim etmelidirler. Bana neşe ya da keder veren nedir? Sevinmeme ya da yas tutmama neden olan nedir?

Pavlus'un Korintliler'e söylediklerini dinleyin: "Bedende ayrılık olmasın, üyeler birbirini eşit biçimde gözetsin. Bir üye acı çekerse, bütün üyeler birlikte acı çeker; bir üye yüceltilirse, bütün üyeler birlikte sevinir" (1.Ko. 12:25-26).

Romalılara da şöyle der: "Birbirinize kardeşlik sevgisiyle bağlı olun. Birbirinize saygı göstermekte yarışın" (Rom. 12:10).

Bize büyük bir terfi ve bununla gelen tüm para ve prestiji alan kardeşle birlikte sevinmemizi buyuruyor. Bunu yapabilir miyiz? Otuz yaşındaki yıllardır evlenmeyi bekleyen kadına, yirmi iki yaşında evlenen genç kadınla sevinmesini buyuruyor. Peki o bunu yapabilir mi? Fakir adam, zengin

KİLİSE ÜYELİĞİ

adam işini kaybettiğinde onunla birlikte yas tutabilir mi? "Bencil tutkularla ya da boş övünmeyle" dolu olan şeylere hayır deyip bu sorulara evet cevabını verebilmek, yüzeysel duygusallıktan fazlasını gerektirir. Müjde ve Ruh tarafından değiştirilen bir yürek gerektirir.

Pavlus'un "her biriniz alçakgönüllülükle öbürünü kendinden üstün saysın" buyruğunu "aynı sevgiyle" yerine getirmek demek, Tanrı'ya eşit olmayı tutunacak bir şey olarak görmeyen Mesih'in sevgisini bilmeyi ve sonrasında O'nun gibi sevmeyi gerektirir.

Finansal Olarak

Hristiyanlar kendilerini yerel kiliselerine maddi olarak da adamalıdırlar. Bu, bağlama göre farklı farklı şekiller alacaktır. Ancak nasıl yapılırsa yapılsın, Hristiyanlar aşağıdakiler gibi Kutsal Kitap buyruklarını yerine getirmenin yollarını aramalıdırlar:

> • "İhtiyaç içinde olan kutsallara yardım edin. Konuksever olmayı amaç edinin" (Rom. 12:13; ayrıca bkz. Gal. 2:10; 1.Yu. 3: 17).
>
> • "Kutsallara yapılacak para yardımına gelince: Galatya kiliselerine ne buyurduysam, siz de öyle yapın. Haftanın ilk günü herkes kazancına göre bir miktar para ayırıp biriktirsin. Öyle ki, yanınıza geldiğimde para toplamaya gerek kalmasın" (1.Ko. 16:1-2; Rom. 15:26).
>
> • "Bunun gibi, Rab Müjde'yi yayanların da geçimlerini Müjde'den sağlamasını buyurdu" (1.Ko. 9:14,

Bir Hristiyan Bir Kiliseye Nasıl Teslim Olur? (Üye Olmak)

ayrıca bkz. 9:11-13; Mat. 10:10; Luk. 10:7; Gal. 6:6;
ayrıca bkz. 1.Ti. 5:17–18).

Mesleki Olarak

Hristiyanlar mesleki yaşamlarını kiliselerine teslim etmelidirler. Bazı insanlar için bu, meslek olarak hizmete girmek anlamına gelir. Her Hristiyan içinse bu, diğer üyelerin yaşamlarının sonsuza kadar devam edeceğini ancak mesleklerinin bir gün sona ereceğini fark etmek anlamına gelir.

Kilise dışındaki işlerde çalışan, yerel kiliseye hizmet edebilmek adına terfi ve daha fazla maaşı reddeden, başka bir şehre taşınmamak için daha saygın ve büyük şirketlerden daha küçük şirketlere geçen adamlar ve kadınlar tanıyorum. Her durumda, kişi bu fırsatı, kiliseyle ve ailesiyle ilgilenebilme olanağının engelleneceğini bildiğinden reddetti. Aynı zamanda, Pazar günü çalışmaları gerektiğinde işlerini bırakan ama bunu Şabat'ı tam On Emir'deki haliyle tutmayı savunduklarından dolayı değil, o günün kilisenin toplandığı gün olmasından dolayı yapan insanlar da tanıdım.

Ayrıca, bir kilisede kadrolu olmayan en iyi ihtiyarların bazıları, mesleki merdivenleri tırmanan adamlar değil, gerektiği zaman kilise için bu merdivenden inmeyi bilen adamlar oluşmuştur.

Ahlaki Olarak

Hristiyanlar kendilerini yerel kiliselerine ahlaki olarak da teslim etmelidirler. Bu, kiliseyi bir çocuğun ebeveynlerini görmesi gerektiğinden daha fazla mutlak bir otorite haline getirmek anlamına gelmez. Aksine, Hristiyanlar Tanrı'nın

KİLİSE ÜYELİĞİ

Sözü'nde ele alınan ahlaki talimatlar, öğütler, hesap verme ve disiplin konularında kiliseye bakmalıdırlar.

Pavlus şöyle yazar: "Kardeşler, eğer biri suç işlerken yakalanırsa, ruhsal olan sizler, böyle birini yumuşak ruhla yola getirin. Siz de ayartılmamak için kendinizi kollayın" (Gal. 6:1). Yahuda şöyle der: "Kimini ateşten çekip kurtarın" (Yah. 1:23). Yerel kilise, diğer imanlıların günahlarıyla savaşmasına yardım etmeye çalıştığımız ve aynı yardımı almak için kendimizi açmamız gereken birincil yerdir.

Eğer kardeşin sana karşı günah işlerse, git ve suçunu kendisine göster (Mat 18:15). Kardeşin seni dinlerse, onu kazanmış olursun. Ama dinlemezse, yanına bir ya da iki kişi daha al. Onları da dinlemezse, durumu kiliseye bildir (Mat. 18:16–17).

Bütün bunlar, yerel kiliseye ahlaki olarak teslim olmanın ne anlama geldiğinin birer parçasıdır.

Ruhsal Olarak

Son olarak, Hristiyanlar kendilerini yerel kiliselerine ruhsal olarak teslim etmelidir. Bununla belirli üç noktayı kastediyorum:

- İlk olarak, bu topluluk ruhsal armağanlarımızı kullanmaya çalışmamız gereken yerdir. Pavlus şöyle der: "Herkesin ortak yararı için herkese Ruh'u belli eden bir yetenek veriliyor" (1.Ko. 12:7).

- İkincisi, yerel kilise Hristiyanların birbirlerini Tanrı'nın Sözü'yle imanda geliştirmeleri gereken topluluktur. Yahuda şöyle yazar: "Ama siz, sevgili kardeşlerim, kendinizi tümden kutsal olan imanınızın temeli üzerinde geliştirin. Kutsal Ruh'un yönetiminde dua edin. Rabbimiz İsa Mesih'in sizi sonsuz yaşama kavuşturacak olan merhametini beklerken kendinizi Tanrı'nın sevgisinde koruyun" (Yah. 1:20–21 ; ayrıca bkz. Ef. 4:11–32; İbr. 10:25). •Üçüncüsü, kilise dualarımızda düzenli olarak kendileri için şefaat etmemiz gereken insanlardır.

ÇİRKİNLİĞE TESLİM OLMAK

Gerçek şu ki, insanlar teslim olmaktan korkmazlar. Tıpkı kendisini başı dertte olan bir kızı kurtarmaya teslim eden cesur bir kahraman gibi, sadece güzelliğe teslim olmak isterler.

Hristiyanlıkla ilgili ilginç olansa, kahramanının kendisini bir küçük hanım için değil, Kutsal Kitap'ın benzetmesiyle, bir fahişe için riske atmasıdır. Sonra kurtardığı herkesi aynı fahişeye, hâlâ hazırlanmakta olan geline, yani kiliseye teslim olmaya çağırmaktadır.

Tabii ki, çirkinliğe teslim olmak insanları korkutur. Yerel kiliseye teslim olmak de böyle olabilir. Kiliseler yücelikle ilgili vizyonları bizimkiyle çelişen diğer günahkârlarla doludur. Ancak Mesih bizi şöyle sevmiştir: "Size yeni bir buyruk veriyorum: Birbirinizi sevin. Sizi sevdiğim gibi siz de birbirinizi sevin" (Yuh. 13:34).

Mesih'in sevgisi, çirkinliği harika bir şekilde güzelliğe dönüştürür (bkz. Ef. 5:22–31). Birbirimize olan sevgimiz aynı şeyi yapmalıdır. Çirkinin güzelleşmesine yardımcı olmalıdır.

KİLİSE ÜYELİĞİ

Kim bu şekilde sevebilir? Yalnızca gözleri açılmış ve yürekleri bu dünyayı sevmenin köleliğinden kurtulmuş olanlar: "Bunun için, Oğul sizi özgür kılarsa, gerçekten özgür olursunuz" (Yuh. 8:36).

Üyelerin Pastörlerle İlişkisi Nasıl Olmalı?

Her kilise üyesi Tanrı'nın tahtının önünde duracak ve diğer üyelerinin yaşamlarında Müjde'yi nasıl koruduğuna dair bir hesap verecektir (bkz. Gal. 1). Bununla birlikte, Kutsal Ruh pastörleri ve ihtiyarları kilisenin gözetmenleri yapmıştır (Elç. 20:28; Tit. 1:7; 1.Pe. 5:2). Bu, pastör veya ihtiyarların topluluğun günlük yaşamında kilisenin gözetimiyle ilgili rolünü temsil ettiği anlamına gelir. Kiliseye boyun eğmek genellikle onlara da boyun eğmek anlamına gelir. Genel olarak konuşursak, üyelerin pastörlerle olan ilişkisi nasıl olmalıdır?

1) Üyeler pastörlerini resmi olarak onaylamalıdır. Farklı gelenekler bu konuda hemfikir değildir ama inanıyorum ki Hristiyanlar aldıkları öğretilerle ilgili Tanrı önünde nihayetinde sorumlu oldukları için (bkz. Gal. 1), kilise üyeleri önderlerini seçmekten sorumludur. Topluluklar ihtiyarların bu süreçte önderlik etmesine izin vermelidir ancak son onay yine kilisenindir. (Kilisenin önderlerini onaylama yetkisi, elçisel anahtarlar aracılığıyla miras aldığı elçisel bir yetki de sayılabilir. Bkz. Elç. 14:23; ayrıca Elç. 1 ve Elç. 6'da topluluğun rolüne bakınız.)

2) Üyeler pastörlerini onurlandırmalıdırlar. Kültürümüzün onurlandırmayı anlama yeteneği sürekli olarak azalıyor gibi görünüyor. Ama Kutsal Kitap nasıl çocuklara ebeveynlerini onurlandırmaya çağırıyorsa, Hristiyanlar da pastörlerini onurlandırmalıdırlar. Hatta Kutsal Kitap, onların "iki kat saygıya" layık görülmesini söyler (1.Ti. 5:17). Bu, onlara ödeme yapmayı da içerir (5:18).

3) Üyeler pastörlerine itaat etmelidirler. İbraniler'de gördüğümüz şu iki ayet, Hristiyan yaşamlarımızda içselleştirilmelidir: "Tanrı'nın sözünü size iletmiş olan önderlerinizi anımsayın. Yaşayışlarının sonucuna bakarak onların imanını örnek alın" (İbr. 13:7). "Önderlerinizin sözünü dinleyin, onlara bağlı kalın. Çünkü onlar canlarınız için hesap verecek kişiler olarak sizi kollarlar. Onların sözünü dinleyin ki, görevlerini inleyerek değil –bunun size yararı olmaz– sevinçle yapsınlar" (İbr. 13:17).

4) Üyeler pastörleri için dua etmelidirler. Bu adamlar, yaşamları ve öğretileriyle kiliseyi sürdürmeye yardımcı olan adamlardır. Onlar için dua etmek bize fayda sağlamaz mı?

5) Üyeler artık gerekli özelliklere sahip olmayan pastörlere karşı gerektiğinde suçlamada bulunmalıdırlar. Kendileri ön planda olduğundan, Pavlus pastörleri korumak amacıyla onların suçlanması için iki veya üç şahit gerektiğini söyler (1.Ti. 5:19). Bununla birlikte, topluluk artık gerekli özellikleri taşımaz durumda olan bir ihtiyarın da hizmet etmeye devam etmesine izin *vermemelidir.*

6) Üyeler Müjde'yi inkar eden pastörleri kovmalıdırlar. Sahte öğretmenler Galatya kilisesine girdiğinde, Pavlus bu ihtiyarları düzeltmedi. Kiliseyi düzeltti. Pastörler Müjde'yi reddetmeye ve başka sapkınlıklar öğretmeye başladığında, Tanrı kilise üyelerini bu kişileri kovmaya çağırmaktadır.

7

ÜYELER İSA'YI TEMSİL ETMEDİĞİNDE NE OLUR?

Yerel kütüphanenizi ziyaret edip 11 Eylül 2001'den sonra yayınlanan *U. S. News & World Report*'un ilk düzenli baskısını açtıysanız, ABD Kongre Binası'nın basamaklarında oturan ve Amerikan bayrağı tutan bir adamın fotoğrafını bulacaksınız.[1] Kendisinin adı Hermono veya kısa haliyle Mono. Mono'nun soyadı yok. Bu yüzden Amerikan ehliyetindeki soyadı kısmında "Lnu" yazıyor, bu da "last name unknown" (soyadı bilinmiyor) anlamına geliyor. Mono bir Endonezya vatandaşı ama aynı zamanda çok sıkı bir Amerikan vatansever.

Mono, Doug adında bir Hristiyan kendisiyle Washington, DC'deki The Mall bölgesinde karşılaştığında birkaç yıldır Amerika'daydı. Tarih 4 Temmuz 2001'di ve Mono bayram günündeki havai fişeklerin tadını çıkarıyordu. Doug'ın başka planları vardı. Mono'yla Müjde'yi paylaştı. Harika bir biçimde, Mono Müjde'yi duydu ve iman etti. Yeniden doğdu.

Birkaç ay sonra, kilisem onu vaftiz etti ve bir üye yaptı. Her şey artık resmiydi. Basına haber verin ve uluslara duyurun: İşte Mesih'in krallığının yeni bir vatandaşı önümüzdeydi.

Üyeler İsa'yı Temsil Etmediğinde Ne Olur?

Kilise Mono'nun coşkusunu, nezaketini ve cömertliğini beğendi. Bir keresinde, kendisine Mesih öğrenciliğinde katkı yapan kilisedeki erkeklere bir akşam yemeği verebilmek için bir yemek takımı satın aldı. Kiliseyi sevdi ve kilise de onu sevdi.

O sonbahar, kiliseye katıldıktan sonra, ihtiyarlar Mono'nun ülkede yasadışı olarak çalıştığını öğrendi. Onlara iş durumu hakkında yalan söylemişti ve kendisinin yasal olduğuna inanan işverenine yalan söylemeye devam ediyordu. ABD hükümeti, ilgili yasaları uygulamadığı için yasadışı göç statüsüne nasıl cevap verileceği konusunda görüşler karışıktı. Ancak bir şey açıktı: Hristiyanlar, iş durumlarını yanlış aktararak işverenlerine yalan söylememelidir. İsa yalan söylemez veya istikrarlı yalan hiç söylemez. O'nun temsilcileri de böyle olmamalıdır.

Birkaç ay boyunca, kilise Mono'ya günahını itiraf etmesi için yakardı. Ona maddi olarak yardım etmeye çalıştı. Yine de, kendisi bunu reddetti. Bazen pes edecekmiş gibi görünüyordu ama sonra yine inat ediyordu. Ne pahasına olursa olsun Amerika'da kalmaya kararlıydı. Amerika'yı, Tanrı'nın Sözü'nden daha fazla önemsiyor gibi görünmeye başladı.

Sonunda, kırık kalplerle de olsa, kilise gerçeği söylemeyi reddettiği için Mono'yu disiplin altına aldı veya diğer bir tabirle onu aforoz etti. Ona artık bir Hristiyan diyemeyeceklerini ve Mesih'in krallığındaki vatandaşlığını onaylayamayacaklarını söylediler. Rab'bin Sofrası'nı almayı bırakmasını söylediler. Onu üyelikten çıkardılar.

Kilise için üzücü bir gündü.

KİLİSE DİSİPLİNİ NEDİR?

Kilise disiplini nedir? Geniş anlamda, kilise disiplini öğrenci yetiştirme sürecinin bir parçasıdır. Günahı düzelttiğimiz ve öğrenciyi daha iyi bir yola yönlendirdiğimiz kısımdır. Öğrenci olarak *yetiştirilmek*, diğer şeylerin yanında *terbiye* (disipline) edilmek demektir. Bir öğretmen bir matematik sınıfında nasıl dersi öğretiyor ve daha sonra öğrencilerin hatalarını düzeltiyorsa, bir Hristiyan da öğretme ve düzeltme yoluyla terbiye edilir. Öyleyse gayri resmi olarak, kilise disiplini günah işleyen bir kardeşe birebir olarak nasihat edilmesiyle başlar.

Daha belirgin ve resmi olarak disiplinden bahsedersek, bu kilisenin bir bireyi üyelikten ve Rab'bin Sofrası'na katılmaktan uzaklaştırmasıdır. Burada kilise bireye, Pazar toplantılarına katılmamasını söylememektedir. Kilise bu bireyin gelip Tanrı Sözü'nü duymasını ister. Aktarılmak istenen, kilisenin artık bu bireyin imanını onaylayamayacağı, dolayısıyla bu kişiye Rab'bin Sofrası'nı vermeyi reddettiğidir. Bu, kişinin bedenden uzaklaştırılması veya Rab'bin Sofrası'ndan uzaklaştırılmasıdır.

Matta 18'e ek olarak (3. bölüm), kilise disiplinine dair belki de en çok bilinen bölüm, 1. Korintliler 5'tir. Burada Pavlus Korint kilisesini, "babasının karısını alan" bir adamın yaptığına göz yummakla "böbürlendikleri" için azarlamaktadır. Onlara bu adamı atmaları (1.Ko. 5:2), onu yargılamaları (1.Ko. 5:12), aralarından kovmaları (1.Ko. 5:13) ve Şeytan'a, yani Şeytan'ın krallığı olan dünyaya teslim etmeleri gerektiğini söyler (1.Ko. 5:5). Bu adam böyle yaşıyorken, artık Tanrı krallığının bir vatandaşı olarak tanınamaz.

Üyeler İsa'yı Temsil Etmediğinde Ne Olur?

Unutmayın, bir kilise üyesi olmak bir İsa temsilcisi olmaktır. O halde disiplin, bir kişinin temsil şekli İsa'nın adına utanç getirdiğinde gösterilecek uygun eylem şeklidir.

KİLİSE DİSİPLİNİNİN AMACI NEDİR?

Kilise disiplininin en az beş amacı vardır. İlk olarak, disiplin gizli olanı *ortaya çıkarmayı* amaçlamaktadır. Günah, kanser gibi saklanmayı sever. Disiplin en hızlı şekilde kesilip alınabilmesi için bu kanseri ortaya çıkarır (bkz. 1.Ko. 5:2).

İkincisi, disiplin *uyarmayı* amaçlamaktadır. Bir kilise, disiplin yoluyla Tanrı'nın yargısını yürürlüğe koymaz. Bunun yerine, gelecek büyük yargıyı tasvir eden küçük bir oyun sergiler (1.Ko. 5:5).

Üçüncüsü, *kurtarmayı* amaçlar. Kiliseler, bir üyenin ölüme doğru ilerlediğini ve kilise olarak kişiye yakarışlarının ve el sallamalarının onun geri dönmesine neden olmadığını gördüklerinde, disiplin yolunu izlerler. Bu yol bir tür son çaredir (1.Ko. 5:5).

Dördüncüsü, disiplin *korumayı* amaçlamaktadır. Kanserin bir hücreden diğerine yayılması gibi, günah da bir kişiden diğerine hızla yayılır (1.Ko. 5:6).

Beşinci olarak, disiplin İsa için iyi bir tanıklık sunmayı amaçlamaktadır. Söylemesi garip gelse de, kilise disiplini aslında Hristiyan olmayanlar için de iyidir çünkü bu, Tanrı'nın halkının çekici ayırt ediciliğini korumaya yardımcı olur (bkz. 1.Ko. 5:1). Unutmayın, kiliseler tuz ve ışık olmalıdırlar. "Yeryüzünün tuzu sizsiniz. Ama tuz tadını yitirirse, bir daha ona nasıl tuz tadı verilebilir? Artık dışarı atılıp ayak altında çiğnenmekten başka işe yaramaz" (Mat. 5:13).

KİLİSE ÜYELİĞİ

Mono günahını karanlıkta sakladı. Yalanın açığa çıkmasını istemedi. Açığa çıktığında da, buna bir günah gibi davranmak istemedi. Günahını "kaçınılmaz", "gerekli" ya da "o kadar da kötü olmayan bir şey" olarak ele almak istedi. Ama İsa'dan ve O'nun Sözü'nden daha başka şeyleri arzu eden bir yürekle kendi kendisini aldatıyordu.

Kilise, sevgiyle, onun ya da başkalarının aldatılmasını istemedi. Kilise onu uyarmak, onu kurtarmak, yalanı normal bir şeymiş gibi savunma hatasına düşebilecek genç imanlıları korumak ve kilisenin ayırt ediciliğini koruyarak komşularını sevmek istedi.

Bu nedenle, kilise disiplin yoluyla onu kendi seçimlerine teslim ederek gerçek sevgisini ortaya koydu. Sonunda, kilise şunu ilan etmekten başka bir şey yapmadı: "İsa'yı seçmiyorsun, dolayısıyla İsa'yla da olmamalısın."

Elbette, her disiplin eyleminde temel amaç sevgi olmalıdır: *bireye olan sevgi, kiliseye olan sevgi, izleyen dünyaya olan sevgi, Mesih'e olan sevgi.*

Tanrı da sonuçta "sevdiğini terbiye eder" ve "oğulluğa kabul ettiği herkesi cezalandırır" (İbr. 12:6). Disiplinden kaçındığımızda, aslında Tanrı'dan daha iyi sevdiğimizi iddia etmiş oluruz.

Tanrı sevgiyle biliyor ki, disiplin yaşam, büyüme ve sağlık doğurur: "Tanrı, kutsallığına ortak olalım diye bizi kendi yararımıza terbiye ediyor" (İbr. 12:10). Evet, acı verici ama karşılığını veriyor: "Terbiye edilmek başlangıçta hiç tatlı gelmez, acı gelir. Ne var ki, böyle eğitilenler için bu sonradan esenlik veren doğruluğu üretir" (İbr. 12:11).

BİR KİLİSE NE ZAMAN DİSİPLİN UYGULAMALIDIR?

Kısa cevap, bir kilisenin bir kişi günah işlediğinde kilise disiplini uygulaması gerektiğidir. Kilise üyeleri, kişiyi günahıyla nasıl birebir olarak (ifşa etmeden) ve şefkatle yüzleştireceklerini öğrenmelidirler. Bu bir kardeş en ufak bir hata yaptığında, şiddetle kendisinin üstüne gitmek anlamına gelmez. Bu durumlarda çoğu zaman en iyisi hiçbir şey söylememektir. Bir şey söylediğiniz zamansa, genellikle sorular sorarak başlamak, gerçekleri doğru bir şekilde anladığınızdan ve kişi hakkında en iyisini düşündüğünüzden emin olmak en iyisidir. Bununla birlikte, kiliseler kendi aralarında –bir sevgi eylemi olarak– gayri resmi düzeltmenin davet ve kabul edildiği türden ilişkiler geliştirmelidirler.

Kilisenin tamamını içeren resmi disiplin süreci, kilisenin kişinin imanını artık onaylayamayacağı kadar ciddi günahlar için ayrılmıştır. Kişi kendini bir Hristiyan ve bir İsa temsilcisi olarak adlandırmaya devam ediyordur ama günahın doğası nedeniyle sözleri artık inandırıcı değildir.

Şöyle söyleyeyim: Hristiyanlardan beklediğiniz günahlar ve günah örüntüleriyle, birisinin Hristiyan olmayabileceğini düşünmenizi sağlayan günahlar ve günah örüntüleri arasında bir çizgi vardır. Kilise disiplini, birey bu ilk alandan ikinciye geçtiği zaman kesinlikle gerekli bir hale gelir. Bu durum, sadece sizin canınızı sıkan türden değil, bütün topluluğunun gözünde kişiyi diskalifiye eden türden bir sorundur. Kişinin sözlerine artık güvenilemiyordur. Kendisinin iman ikrarı artık güvenilirliğini kaybetmiştir. Kişi "tövbekâr" veya "yeterince iyi" olduğunu ya da *o kadar da itaatsiz* olmadığını iddia ediyor olabilir ama her ne sebepten olursa olsun, kilise artık kendisine inanamıyordur. Bu nedenle, kilise kişiyi Rab'bin Sofrası'ndan uzaklaştırarak, topluluk onayını kaldırır. Kilise kişinin pasaportunu elinden alır ve kilise olarak, kişinin Mesih'in krallığının bir parçası olduğunu artık resmi olarak onaylayamadığını duyurur.

Örneğin, ara sıra söylenmiş ve tövbe edilmiş yalanla, bir kişinin yaşamını üzerine kurduğu ve vazgeçmeyi reddettiği yalan arasında bir fark olduğunu söyleyebiliriz. Mono'yu tanımlayan ikincisiydi.

Peki bu, kilisenin insanların yüreğini bilmesi gerektiği anlamına mı gelir? Elbette hayır. Tanrı bize röntgen makinesi gözleri vermedi. Ama Tanrı, kiliseleri bireysel yaşamların meyvesini göz önüne almaya ve bir yargıda bulunmaya çağırmaktadır (Pavlus tam olarak bu kelimeyi kullanıyor: 1.Ko. 5:12; Mat. 3:8; 7:16–20; 12:33; 21:43).

Bir alanla diğeri arasındaki bu çizginin nerede olduğu hakkında daha somut bir şey söyleyebilir miyiz? *Gözle görülür, ciddi ve tövbe edilmeyen* günahlarda resmi kilise disiplininin gerekli olduğunu söyleyebileceğimize inanıyorum. İlk olarak, bir günahın gözle görülür bir yansıması olmalıdır. Kiliseler bir kişinin yüreğinde kibir veya açgözlülük olduğunu düşündükleri her anda kişiye kırmızı kart gösterip onu uzaklaştırmamalıdırlar. Gözlerimizle görebildiğimiz, kulaklarımızla duyabildiğimiz bir şey olmalıdır.

İkincisi, günah *ciddi* olmalıdır. Her günahın arkasını aramaya gerek yoktur. Bir kilisenin yaşamında "birçok günahı" sevgiyle örtmek için bir yer olması gerekir (1.Pe. 4:8). Hamdolsun ki, Tanrı her günah işlediğimizde bizi somut olarak terbiye etmemektedir.

Son olarak, günah *tövbe edilmeyen* bir günah olmalıdır. Söz konusu kişi, Tanrı'nın Kutsal Yazılar'daki buyrukları uyarınca günahıyla birebir olarak yüzleştirilmiştir ama günahı bırakmayı reddediyordur. Her halükarda, kişi günahını İsa'nın üzerinde tutmaktadır.

Bu noktada, bir kişinin özür dileyebileceği ve tövbe ettiğini iddia edebileceği bazı durumlar vardır ancak bir kilise haklı olarak yine de disiplin sürecine devam etmeye karar verebilir. Kilise bir sebepten ötürü kişinin sözlerine inanamadığında, bunun kabul edilebilir olduğuna inanıyorum. Belki de kişi yalan alışkanlığıyla bilinen bir kişidir. Belki de günah fazlasıyla kasıtlı (uzun süren bir istismar ya da önceden tasarlanmış bir cinayet gibi) ya da iğrenç (tecavüz gibi) olabilir. Bunlar çabuk sarf edilen özür sözlerini inanılmaz kılar. Mesele böyle günahların affedilmesinin mümkün olmaması değil, sadece bir kilisenin kişinin affedildiğini sorumlu bir şekilde duyurmadan önce bir süre geçmesi ve tövbe meyvesinin gösterilmesi gerekmesidir (Elç. 8:17-24'teki örneğe bakınız). Öte yandan, bir kilise bir kişinin gerçekten tövbe ettiğine ikna olduğunda, resmi disipline devam etmemelidir (ve bu ilkeye tek bir istisna bile düşünemiyorum).

BİR KİLİSE, KİLİSE DİSİPLİNİNİ NASIL UYGULAMALIDIR?

Matta 18, bir kişiden birkaç kişiye, oradan da tüm kiliseye doğru hareket eden kilise disiplininin temel sürecini açıklar. İsa'nın buradaki temel isteği, süreci uzlaşma üretmek için gerekli olandan daha geniş bir süreye yaymamaktır.

Bazen disiplin süreçleri, bireyin günahla savaşmaya istek duyduğu zamanlarda olduğu gibi, oldukça yavaş işlemelidir.

Bazense süreçler, adamın günahının aşikar olduğu ve bariz bir biçimde tövbeye yanaşmadığı 1. Korintliler 5'te olduğu gibi, hızlandırılmalıdır.

Aynı zamanda, burada dikkate alınması gereken şey sadece günahın doğası değil, günahkârın kendisinin doğasıdır. Farklı günahkârlar, açık söylemek gerekirse, farklı stratejiler gerektirir (1.Se. 5:14).

Kilise üyeleri genellikle disipline alınmış olan biriyle nasıl etkileşimde bulunacaklarını merak ederler. Yeni Antlaşma bu konuyu bir dizi yerde ele alır (1.Ko. 5:9, 11; 2.Se. 3:6, 14-15; 2.Ti. 3:5; Tit. 3:10; 2. Yu. 10). Kendi kilisemin ihtiyarlarının verdiği temel tavsiye, kişinin disipline alınan bireyle olan ilişkilerinin genel suretinin belirgin bir şekilde değişmesi gerektiğidir. Kişiyle yapılan etkileşimler gelişigüzellik değil, tövbe hakkında kasıtlı konuşmaları içermelidir. Elbette aile üyeleri aile içindeki yükümlülüklerini yerine getirmeye devam etmelidir (bkz. Ef. 6: 1-3; 1.Ti. 5:8; 1.Pe. 3:1–2).

Peki kilise paydaşlığına dönüş ne zaman gerçekleşir? Günahkâr tövbe ettiği zaman. Bazen tövbe, karısını terk etmiş bir adamın durumu gibi siyah-beyaz bir meseledir. Kişi eşine dönmek zorundadır. Bazense bir bağımlılık döngüsüne sıkışıp kalmış bir insanın durumunda olduğu gibi, gridir ve büyük bilgelik gerekir.

Bir kilise tövbe eden bir kişiyi paydaşlığa ve Rab'bin Sofrası'na geri almaya karar verdiğinde, bir tür şartlı tahliye süresinden veya ikinci sınıf vatandaşlıktan söz edilmemelidir. Aksine, kilise affedişini açıkça vurgular (Yu. 20:23), tövbe eden kişiye olan sevgisini teyit eder (2.Ko. 2:8) ve kutlama yapar (Luk. 15: 24).

İNSAN BİLGELİĞİNDEN DAHA BİLGE

Kiliseler disiplin uygulamaya başladıklarında, genellikle Kutsal Yazılar'da kesin bir vaka örneği bulunmayan, karmaşık durumlarla karşı karşıya kalırlar. Ancak kilisenin en büyük endişesi Mesih'in itibarını korumak olmalıdır. Kilise bunu, Mesih'i yaşamıyla çirkin bir şekilde yansıtan birinin sözlü iman ikrarını onaylamaya devam edip edemeyeceğini dikkatle göz önüne alarak yapar. O'nun itibarını korumak, aslında, hem günahkâr, hem kilise ve hem de uluslar için yapılacak en sevgi dolu iştir.

Bu, Mono ve Endonezya ulusu için de en sevgi dolu iş olduğunu kanıtladı. Kiliseden uzaklaştırıldıktan bir süre sonra Mono günahından dolayı kendini suçlu hissetti, bir uçak bileti aldı ve Endonezya'ya döndü. Yaklaşık bir yıl sonra, kilisemin pastörlerinden birine şu e-postayı yazdı:

Andy, yazdığın bu cesaret verici e-posta için teşekkür ederim. Beni her zaman hatırladığınız ve benim için dua etmeye devam ettiğiniz için kiliseye teşekkür ederim. İtiraf etmeliyim ki, kiliseyi henüz bitirilmemiş günahlı bir meseleyle terk ettim ve üzücü olan şey şu ki, meseleyi hafife aldım. Kendimi alçaltmalı ve barışmak için size gelmeliydim. Birbirimize düşman mıyız? Hayır, biz Hristiyan kardeşleriz. Çok gururlu ve inatçıydım. Gururum Tanrı'nın benim hiçbir adım atmama gerek kalmadan meseleyi çözeceğini düşünmeme yol açtı. Sonra kendi yoluma devam ettim. Peki ya sonuç? Hiçbir esenlik bulamadım... Şimdi Tanrı'nın beni

KİLİSE ÜYELİĞİ

neden memleketime getirdiğini biliyorum çünkü burada beni sonsuz bir ödül bekliyordu. Keşke bugün O'nunla nasıl bir ilişkim olduğunu size de anlatabilsem. Tarif edilemeyecek kadar güzel... Andy, bu barışmanın gerçekleşmesi için dua ediyordum ama lütfen siz de bana nasıl yapılacağını gösterin. Ailemle tekrar barışmak için özlemle bekliyorum. Son olarak, lütfen kilise üyelerine ve ihtiyarlara teşekkürlerimi iletin. Hepinizi özlüyorum.

Bol sevgiyle,

Mono

Kilisemiz de sevinçle şu cevabı gönderdi:

Mono,

Seninle tekrar iletişime geçmek harika oldu. Dün gece kilise üyeleri toplantısında, son e-postanın bir kısmını üyelerimizle paylaştığımızı bildirmek istedim... Sözlerin ve eylemlerin herkesi alçalttı ve teşvik etti.

Üyeler, ihtiyarlardan gelen şu önergeyi oy birliğiyle onayladılar:

Önerge: İhtiyarlar olarak mutlulukla; üyelerin kardeşimiz Mono'nun tövbesini Tanrı'ya şükranla kabul etmelerini, Mono'yu bize yönelik davranışlarından ötürü bağışladığımızı ona resmi olarak bildirmemizi ve Mesih'teki kardeşimiz olarak kendisiyle olan paydaşlığımızı ve kendisine olan sevgimizi topluluk önünde yenilememizi salık veriyoruz. Ayrıca tüm bunları yaparken, kendi Sözü'ne ve bu Söz'ü itaatle onurlandıranlara gösterdiği sadakati için Tanrı'ya büyük bir şükran duyuyoruz.

Sonra topluluk olarak senin için dua ettik; Tanrı'dan senin, yaşamın ve işin için en zengin bereketleri diledik.

Tanrı, O'nu takip ettiğin sürede seni teşvik etmeye ve seni korumaya devam etsin.

Mesih'teki kardeşin,

Andy

Mono şimdi, Endonezya'da bir Müslüman grubun arasında bir müjdeci olarak hizmet ediyor.

Yani kilise harekete geçti, Mono tövbe etti, Tanrı yüceltildi ve şimdi, dünyanın öbür ucunda bir ulus, bu yapılanların meyvesini topluyor.

Tanrı'nın saçmalığı bile insanın bilgeliğinden daha bilge değil mi?

İsa hüküm sürüyor.

Ne Zaman Teslim Olmamalısınız?

Hepimiz zaman zaman alçakgönüllülükle bir önderin hatalarına ve günahlarına katlanmaya çağrılacağız. Yine de, kendinizi önder takımının karakteristik olarak istismarcı olduğu bir kilisede bulursanız, çoğu durumda sizi buradan kaçmaya teşvik ederim. Mesih öğrenciliğinizi korumak, ailenizi korumak, geride kalan üyeler için iyi bir örnek olmak ve kilisenin hizmetine inandırıcılık kazandırmayarak Hristiyan olmayan komşularınıza hizmet etmek için oradan kaçın.

İstismarcı önderliği nasıl ayırt edersiniz? Pavlus, bir ihtiyara karşı bir suçlama yapılması için iki tanık gerektiğini ortaya koyar (1.Ti. 5:19) çünkü kendisi muhtemelen önderlerin, çoğu zaman haksız yere, diğerlerinden daha fazla talihsiz suçlamalarla suçlanacağını bilmektedir. Bununla birlikte, istismarcı kiliseler ve Hristiyan önderler *karakteristik olarak*

• Kutsal Yazılar'ın sessiz olduğu yerlerde dogmatik yönergeler ortaya koyarlar.

• Tanrı'nın Sözü ve dua yerine zekaya, mizaha, çekiciliğe, suçluluk duygusuna, duygulara veya tehditlere yaslanırlar (bkz. Elç. 6:4).

• Taraf tutarlar.

• Fikirlerine katılmayanları cezalandırırlar.

Üyeler İsa'yı Temsil Etmediğinde Ne Olur?

• Aşırıya kaçan iletişim biçimleri sergilerler (öfke patlamaları, küsme).

• Her zaman, başkalarından vazgeçmek anlamına gelse bile, bir şekilde önderin kendi durumunu daha iyi hale getiren yol haritaları çizerler.

• Sık sık ve hızlı bir şekilde konuşurlar.

• İyi işleri gizliden yapmaları çok nadirdir.

• Nadiren teşvik ederler.

• Nadiren insanlar hakkında iyi düşünürler.

• Yürekten tövbe yerine, dışsal uyuma önem verirler.

• Vaaz ederken, öğüt verirken, öğrenci yetiştirirken ve kiliseyi gözetirken, dudakları İsa'nın Müjde'de yaptığı şeylerden ve Tanrı'yı yüceltmekten uzaktır.

8

ÜYELİK HER YERDE AYNI MI OLMALIDIR?

Kilisenin adı yok. Bir binası da yok. Ayrıca belediyeye kayıtlı da değil çünkü kağıt üzerinde var olsaydı, hükümet kiliseyi kapatırdı.

Neredeyse herkesin Müslüman olduğu bir Orta Asya şehrinde, bir üyenin evinde buluşuyorlar. Sekiz ila on üyesi var ve asla yirmiden fazla bir sayıya kadar büyümeyecek. Bu olduğunda, kilise kendini bölmek zorunda kalacak. Evler çok küçük ve daha da önemlisi, bu ülkedeki Hristiyanların, şehir yetkililerinin ve Müslüman din adamlarının radar ekranına yakalanmadan uçmaları gerekiyor.

Kilise dua etmek, ilahi söylemek ve Kutsal Kitap'tan öğrenmek için her Pazar "Frank" ve "Hanz" adındaki iki ihtiyarıyla birlikte toplanıyor. Her iki adam da son on yıl içerisinde Mesih'e iman etti ve Kutsal Kitap hakkında bildiklerinin çoğunu iki ya da üç Müjde hizmetkârından öğrendi.

Bu bölümde sormak istediğimiz soru şudur: Frank ve Hanz'ın kilise üyeliğini uygulama şekilleri, benim kiliseye

Üyelik Her Yerde Aynı mı Olmalıdır?

katıldığım Washington, DC gibi kalabalık bir Batı şehrindeki bir kilisedeki üyelik uygulamasıyla aynı mı görünmelidir? Üyelik her yerde aynı mı olmalıdır?

ÜYELİK HER YERDE NASIL AYNIDIR?

Basit cevap, evet ve hayırdır. Evet cevabıyla başlayalım. Üyelik her yerde aynı görünüme sahip olacaktır çünkü İsa tarafından kurulan yerel kilise, üyeleri*dir* ve İsa her kiliseye *aynı görevi* yerine getirmeleri için, her yerde *aynı araçları* vermiştir.

> • Görev: Ayrı bir topluluk olmak ve böylece bu ayrılıkla (farklılıkla) uluslara bereket olmak ve göksel Baba'nın övülmesini sağlamak (Mat. 5:3–16).
>
> • Araçlar: Müjde'yi korumak, Müjde'ye yönelik güvenilir iman beyanlarını onaylama, O'nun buyurduğu her şeyi O'nun öğrencilerine öğretme ve sahte imanlıları uzaklaştırma yetkisi (Mat. 16:13–19; 18:15–20; 28:18–20).

Dahası, üyelik her yerde aynı görünecektir çünkü tüm kiliseler *tam olarak aynı bağlamda* yaşamaktadır, yani düşman bölgesinde. Unutmayın, yerel kiliseler birer elçiliktir. Tarafsız ya da dost bölgede değil, düşman hatlarının arkasında yaşarlar. Bu yüzden Pavlus 1.Korintliler 5'te, zina yapan adamı uzaklaştırmakla onu Şeytan'a teslim etmeyi eşit sayıyor. Şeytan bu dünyanın prensidir ve dünyanın krallıkları geçici olarak ona aittir (Yu. 12:31; 14:30; Mat. 4:8–9).

Şu anda Şeytan Mesih'in krallığını baltalamak için farklı yerlerde farklı araçlar kullanmaktadır. Batı'da en sevdiği araç kültürel Hristiyanlıktır. Amerikan markalı kültürel Hristiyanlık, iyi niyetli yetişkinlerin hem beş yaşındakilere hem de yirmi beş yaşındakilere aynı şekilde ucuz lütfu şeker gibi dağıtmasından kaynaklanmaktadır. Çocuklara cennette anneleriyle ve babalarıyla olmak isteyip istemediklerini sorar veya onlara kilisede öne çıkıp imana gelmeleri için baskı yaparsınız. Mesele şu ki, hızlı, düşünülmemiş iman ikrarları elde etmek için onların korkularına, duygularına veya beklentilerine hitap edersiniz. Sonra da bu iman ikrarlarını hemen onaylarsınız. Öte yandan, Avrupa markalı devlet-kilisesi çok daha medenidir. Ucuz lütuf, doğum belgesiyle birlikte gelir.

Her iki yerde de bu aracın zekice yönü, Şeytan'ın kendi kalabalıklarını gerçek Hristiyanlığa sokmasına izin vermesidir. Müjde'yi kültürel bir Hristiyan'la paylaşmak neredeyse imkansızdır çünkü kişi zaten sözlü olarak onu kabul etmektedir. "Evet, *ona* inanıyorum." Ama hiç tövbe yoktur. Kişi sadece eski benliğinin biraz daha sterilize edilmiş bir versiyonunu Hristiyanlık adı içerisine vaftiz eder.

Kültürel Hristiyanlığın bir başka büyük tehlikesi, kiliselere düşman topraklarında yaşamadıklarını düşündürerek onları kandırmasıdır. Kiliseler içinde bulundukları ulus sanki asıl vatanlarıymış gibi hissederler. Güvenli bir yer olduğunu hissederler.

Öte yandan, Şeytan farklı topraklarda çok farklı araçlar kullanmaktadır. Hindistan, Orissa'da, Şeytan bir kiliseyi yakmak için teknik olarak illegal olan bir Hindu kalabalığını kullanacaktır. Frank ve Hanz'ın pastör olduğu Orta Asya şehrinde, yerel yetkilileri kilise toplantılarına sızmak, materyallere el koymak ve pastörleri hapsetmek için kullanacaktır. Afrika'nın bazı bölgelerinde, Müjde'yle güçlerini birleştirmek ve onu farklı bir şeye dönüştürmek için atalara yapılan ibadeti ve Afrika geleneksel dinini kullanacaktır.

İnsanlar fiziksel bedenlerde yaşadıklarından, gözlerimiz yüzeysel farklılıklara odaklanmaya meyillidir. Ama en önemli şeyler asla gözle görülemeyen şeylerdir ve buradaki konumuzu düşününce, fark edilmesi gereken en önemli şey her kilisenin her yerde düşman bölgesinde yaşıyor olduğudur. İsa geri dönene kadar, gezegende ne kutsal topraklar ne de kutsal binalar olacaktır.

Nereye giderseniz gidin, hangi yıl olursa olsun, yerel kilise kimin üye olduğuna büyük özen göstererek, Müjde'yi her türlü saldırıya karşı korur. Her kilise şu temel soruları sormalıdır: Sizce İsa kimdir? Çarmıhınızı yüklenmeye ve O'nunla ve bedeniyle özdeşleşmeye hazır olduğunuzdan emin misiniz?

ÜYELİK HER YERDE NASIL FARKLIDIR?

Aynı zamanda, daha önce söylediklerimden yola çıkarsak, kiliselerin farklı yerlerde farklı zorluklarla karşı karşıya olduğu da açıktır. Temel görev ve araçlar aynıdır ancak yapılar veya stratejiler biraz farklı görünebilir.

Toplumsal Karmaşıklık

Başlangıç olarak, bir toplum ne kadar büyük ve karmaşık olursa, güvenilir iman ikrarlarını onaylamak ve denetlemek de o kadar zor olur. Bu uğraş işlerin geçicilik durumu, sosyal hareketlilik, kilisenin büyüklüğü, çarpık kentleşme, zorlu çalışma saatleri, dini çoğulculuk, etnik önyargı, çoklu mezhepçilik, asırlardır birikmiş sapkın öğretiler, sahte kiliseler, kiliseden kiliseye atlama, bireycilik ve tüketicilik gibi kültürel eğilimler ve çok daha fazlası nedeniyle daha da zor hale gelir. Toplum daha büyük ve daha karmaşık bir hale geldikçe, kimin kimle olduğunu bilmek de daha zor olur.

Siz İsa'yla mısınız? Bilemem. Sadece Pazar sabahı ortaya çıkarsınız. Otuz dakikalık mesafede yaşarsınız. Hafta boyunca yaşamının nasıl göründüğüne dair hiçbir fikrim yoktur. Yıllardır kiliseden kiliseye atlıyorsunuzdur. İsa'yı sevdiğini söylersin ama hangi İsa'dan bahsediyorsun? Aralarından seçim yapabileceğimiz yüz tane İsa vardır.

Toplumsal Hoşnutluk veya Hoşnutsuzluk

Bir toplumun Hristiyanlığa karşı genel duruşu, bir kilisenin iman ikrarlarını onaylama ve denetleme kapasitesini de etkiler. İroniktir ki, Müjde'ye açıkça karşı çıkan bir toplumda Hristiyanları onaylamak ve denetlemek bazı yönlerden daha kolay olabilir. Birinci yüzyıldaki Filistin'i veya günümüzdeki Müslüman ulusları düşünün. Bu tür yerlerde kendinizi bir kiliseyle özdeşleştirmek, sosyal açıdan oldukça caydırıcı bir iştir. Bu nedenle, vaftiz için öne çıkan insanların toplumda kabul görmek adına kiliseye katılma olasılığı çok daha düşüktür.

Şimdi bir de kültürel Hristiyanlığın yaygın olduğu bir toplum düşünün. Vaftiz ve üyelik teşvik edilir. Çocuklar ebeveynlerinin övgülerini alırlar. Yetişkinler satış işleri veya hukuk büroları için geniş bir potansiyel müşteri listesi elde ederler.

Bu farklılık kategorilerinin her ikisinin de, bir kilisenin görevini Mesih'in verdiği araçlarla yerine getirmek için ne derece bir yapıya ihtiyaç duyduğunu etkileyeceğine inanıyorum. Burada ihtiyat konusuyla uğraşıyoruz ve bu asla kesin bir bilim değildir ama genel olarak konuşacak olursak, şunu söyleyebileceğimizi düşünüyorum: Hristiyanlık bir toplumda ne kadar beğeni görüyorsa ve bir toplum ne kadar karmaşıksa, bir kilisenin ihtiyaç duyabileceği yapı da o kadar fazla olur.

Karmaşık bir toplumda, örneğin üyelik sınıfları, bir kilisenin hangi İsa hakkında konuştuğunu tam olarak bilmenize yardımcı olur. Resmi üyelik görüşmesi, kilisenin hangi İsa'dan bahsettiğinizi bilmesine yardımcı olur. Hem sınıflar hem de görüşmeler herkesin beklentilerini belirlemeye yardımcı olur.

Bunun yanında, karmaşık bir toplumda üyelik listeleri kiliselerin büyük metropollere dağılmış insanları izlemelerine de yardımcı olur. Bu, topluluk ve önderlerin özellikle kimden sorumlu olduklarını bilmelerine yardımcı olur.

Ancak Hristiyanlığı reddeden daha küçük bir toplumda, üyelik sınıfları ve üyelik listeleri gibi şeyler gereksiz ve hantal olabilir. Hatta, yazılı listeler yanlış ellere düşerse tehlikeli bile olabilir. Bununla birlikte, İsa hâlâ bu tür kiliselere dünyadan ayrık olma görevi için aynı araçları vermiştir. Bakalım, bunu Orta Asya'daki arkadaşlarımızı örnek vererek gösterebilecek miyim?

KUTSAL KİTAP TEMELİ

Frank ve Hanz'ın kilisesinde, bir kişi vaftiz sonrasında üye olur. Yine de, vaftiz her zaman ihtiyarlar ve kilise tarafından birkaç hafta süren görüşmelerden sonra yapılır. Bu görüşmeler kilise ofislerinde gerçekleşmez çünkü böyle ofisleri yok. Bu görüşmeler, yapılan yürüyüşler ve herkesçe paylaşılan pilav kaseleriyle gerçekleşir. Aslında, bunlar bir görüşmeden ziyade sohbet gibi görünen şeylerdir ama amaçları aynıdır: iman ikrarı yapan kişinin Müjde'yi anladığından ve tövbe ettiğinden emin olmak.

Bireyin daha sonra tüm topluluğun önünde imanını açıklaması istenir ve bu sırada kilise üyeleri ona sorular sorar. İhtiyarlar bu tartışmaya önderlik ederler ancak herkesin Müjde'yle ilgili anlayışını açıklığa kavuşturmak amacıyla, herkesi tartışmaya katılmaya teşvik ederler.

Topluluk asla oy kullanmaz ancak sonunda bireyin bir imanlı olup olmadığı veya inancının gerçekliğini göstermek için biraz daha zamana ihtiyacı olup olmadığı konusunda bir fikir birliği ortaya çıkar. Bunun gibi Müslüman bir toplulukta, tövbe ve imanla Mesih'e dönmenin insanların yaşamlarını değiştirmesi beklenir ve bu yüzden de kilise bu imanın kanıtını arar. Her şeyin ak pak olması beklenmez ancak kişide tövbenin başlangıcını, özellikle de kilisenin önünde İsa'nın takipçisi olarak açıkça özdeşleşme isteğini görmek isterler.

Son bir adım olarak, kilise vaftiz aracılığıyla bireyi onaylar ve bu vaftiz de resmi olarak bireyi topluluğa kabul eder. Tabii ki, bu ülkede vaftiz etmek lojistik olarak zordur. Vaftizler bazen şehirden biraz uzakta bir gölet ya da nehirde yapılır ancak ben daha zengin bir bireyin seyyar havuzunda bir vaftize tanık olma ayrıcalığına sahip oldum.

Orta Asya'daki bu küçük topluluğun bize bir Kutsal Kitap temeli sunduğuna inanıyorum. Burası benim kilisemin tüm yapılarına sahip değil, ancak ben bu kilisenin, Kutsal Kitap'a dayalı kilise üyeliğinin Yeni Antlaşma kriterlerini yerine getirdiğini iddia ediyorum.

• Resmi bir üyelik listesi olmasa bile, üye olanların kim olduğu gayet açıktır. Herkes kimin tövbe edip iman etmiş olduğunu ve kimin olmadığını bilir çünkü herkes onlardan sonra katılan kişilerin vaftizinde orada bulunmuştur. Ayrıca kilise ve dünya arasındaki çizginin açık kalmasına yardımcı olmak için, topluluk Rab'bin Sofrası'nı da korur.

• Kilise, resmi üyelik sınıfları veya tek seferlik üyelik görüşmeleri olmamasına rağmen, imanın varlığından emin olmak için iman ikrarlarını dikkatlice değerlendirir. Bunun yanında, hiçbir tarikat ya da sahte kilise farklı bir İsa veya tövbe markası sunmamıştır – henüz.

• İhtiyarlar da dahil olmak üzere her üye, bir kilise oyu söz konusu olmasa bile, tüm kilisenin gözetimine teslim olur. On beş veya yirmi kişilik bir grupta, bir fikir birliği olduğunu görebilmek kolaydır.

• Kilise, hem kilisenin paklığını korumak hem de hata içerisindeki kişiye sevgi göstermek adına kilise disiplini uygular.

Tüm bunlarda, Mesih'in ismi ve itibarı korunur ve parıldar.

ÇOK FARKLI BİR MODEL Mİ?

İlk bakışta, Washington DC'deki kiliseme katılma süreci buraya göre çok farklı görünebilir. Kilisemizde, kilisemizin inanç açıklamasını, antlaşmasını, tarihini, dışarıya müjdeleme hizmetlerini ve topluluk yaşamının diğer unsurlarını kapsayan altı üyelik dersi alarak başlamanız gerekir.

Tüm bunlardan sonra hâlâ katılmak isterseniz, tanıklığınızı paylaşmak ve Müjde'yi açıklamak için bir ihtiyarla üyelik görüşmesi talep edersiniz. Bir pastörümüz, insanlardan "altmış saniye veya daha az" bir sürede Müjde'yi açıklamalarını istemesiyle meşhurdur. Bu görüşmenin sonunda, kilisemizin inanç açıklaması ve kilise antlaşmasını imzalamanız istenir.

Tüm görüşmeyi bir üyelik formunu doldurmakla harcayan ihtiyar, bu formun her ihtiyar için bir fotokopisini alır. Her ihtiyarın bir sonraki ihtiyar toplantısından önce bu formu okuması gereklidir. İhtiyarlar hep birlikte başvurunuzu değerlendirir ve Robert'ın Düzen Kuralları'nı* esas alarak oy kullanır ve iki ayda bir yapılan üye toplantısında değerlendirilmek üzere formu topluluğa iletir. Bir ihtiyarın sizin için yapacağı iki dakikalık bir açıklamadan sonra, resminizin yansıtıldığı bir PowerPoint slaydı aracılığıyla, topluluk da sizinle ilgili oy verir ve bu oy için de Robert'ın Düzen Kuralları göz önünde bulundurulur.

Üyeliğiniz yönünde oy kullanıldıysa, üyelik listesine eklenirsiniz ve size bir üyelik paketi verilir. Bu pakette birçok ilginç şekilde yararlı şey bulunur.

Bütün bunlar kulağa çok bürokratik geliyor, öyle değil mi? Üstelik bu detayların hiçbiri Kutsal Kitap'tan gelmiyor. Ro-

---

* *Editörün notu*: Robert'ın Düzen Kuralları, ABD'de çeşitli oylamalarda uygulanan bir parlamento sistemidir. Birçok detayı olan bir sistemdir. Örneğin bunlardan biri, oylamaya sunulan şeyin kabulü için 3'te 2 onay oyu gerekmesidir.

bert'ın Pavlus ve Barnabas'la seyahat etmediğinden oldukça eminim. Belki de Petrus'la birlikteydi, ha?

Hatta, bugün dinden uzaklaşmış global şehirlerin çoğunda bir kilisenin, Kutsal Kitap'ın kiliselere Mesih'in vatandaşlarını onaylama ve denetleme konusunda buyurduğu şeyleri, bu *gibi* bazı yapılar olmadan *gerçekleştiremeyeceğini* söyleyebilirim. Yapılar bu şekilde olmak zorunda değil. Belki de kilise her potansiyel üyeden, üyelik derslerinde ve görüşmede ortaya çıkan tüm konuları tartışmak için bir ihtiyar ve diğer birkaç üyeyle birlikte parkta dört saatlik bir yürüyüş yapmasını istemeyi tercih eder. Belki bir kilise, üyelerin isimleri yazmak yerine ezberlemelerini ister.

Mesele şu ki, Hristiyan olduğunu söyleyen bir kişinin ve bir kilisenin, kilise üyeliği adı verilen bu antlaşma benzeri ilişkiye "Evet" demeden önce, aralarında bir tür konuşma gerçekleşmesi gerekir. Ayrıca bir kilisenin, üyelerinin tümünün kim olduğunu bilmesi gerekir. Ne de olsa, İsa *tüm* koyunlarına dikkatle bakmamızı isterdi.

Kısacası, Orta Asya ve Amerikan modelleri arasındaki farkların temelde kozmetik olduğuna inanıyorum. Her iki kilise de aynı hedefleri yerine getiriyor ve bu hedefler de resmi olarak onaylanmış üyelerinin yaşamları aracılığıyla Müjde'nin ilan edilmesi, sergilenmesi ve korunmasıdır.

ÜYELİK MESELELERİ – HRİSTİYAN YAŞAMI MESELELERİ

Frank ve Hanz'ın kilisesinde, bağlamsal faktörler üyelik yapılarını basitleştirmektedir. Bir kişi bana şöyle demişti: "Kimin içeride ve kimin dışarıda olduğunu anlamak oldukça kolay." Bu, kiliseye yapılan son polis baskınları sırasında açıkça görülür oldu. Nitekim bu baskınlarla birlikte üyeler kendilerini hiç olmadığı kadar göze çarpar hissettiler.

Frank ve Hanz için daha büyük bir zorluk, kilise üyelerine birbirlerine karşı sahip oldukları yeni yükümlülükleri ve kilise disiplininin amacını öğretmektir. Ama onlar için, bu dersler üyelik meselelerinden ziyade aslında Hristiyan yaşamı meseleleridir. Hristiyan yaşamı ve kilise üyeliği, bu mübarek kutsallar için neredeyse kusursuz bir şekilde örtüşmektedir. İkisi de aynı şeydir.

Bu yüzden, bu bizim için de böyle olmalıdır.

SONUÇ

Kilise Üyeliği Sevgiyi Nasıl Tanımlar?

Üyelerinin yaşamları aracılığıyla, yerel kilise dünya için sevgiyi tanımlamaktadır.

Bu iyi bir haberdir çünkü bugünün dünyasının kafası sevginin tanımı hakkında oldukça karışıktır. Sevginin jöleden bir küre gibi olduğunu düşünür. Merkezi olmayan, parçaları olmayan, sert kenarları olmayan bir şeydir. Sevginin tüm koşullardan, tüm beklentilerden, tüm standartlardan, tüm yargılardan arınmış bir şey olduğunu düşünür. Araç arkasındaki yapıştırma "♥ + ♥ = Evlilik" der. Hristiyan çevrelerinde bile, sevgiyi yasayla ve gerçekle karşı karşıya getiririz, dünyayı sevgi insanları ve gerçek insanları diye ayırırız.

Sorunsa şu ki, İsa'nın sevgisi böyle değildir. İsa'nın sevgisi bir merhamet eylemiyle başlar ve daha sonra bu merhameti alan kişileri, itaat özgürlüğüne çağırır.

> • İlk olarak, bu bir merhamet eylemidir: "Hiç kimsede, insanın, dostları uğruna canını vermesinden daha büyük bir sevgi yoktur" demiştir İsa (Yu. 15:13).

KİLİSE ÜYELİĞİ

• Sonraysa, bir itaat çağrısıdır: "Beni seviyorsanız, buyruklarımı yerine getirirsiniz" (Yu. 14:15).

Bu, dünyanın anlamadığı bir kombinasyondur ama bu, Tanrı'nın sevgisidir. Sevgi ve kutsallık birbirine karşı değil, insanları Tanrı'ya yönlendirmek için ortak olurlar. Kral İsa da kiliseleri, dünya karşısında kendisininkiyle aynı merhametli ve itaatkâr sevgiyi sergilemeye çağırmaktadır: "Size yeni bir buyruk veriyorum: Birbirinizi sevin. Sizi sevdiğim gibi siz de birbirinizi sevin. Birbirinize sevginiz olursa, herkes bununla benim öğrencilerim olduğunuzu anlayacaktır" (Yu. 13:34-35). Bu yüzden yaşamlarımızı birbirimize adarız ve sonra da itaat özgürlüğü için birlikte savaşırız. Bunu yaptığımızda, Mesih'in dünyaya olan sevgisini gösteririz ve ulusların O'nu yüceltmesine sebep oluruz.

EK KAYNAKLAR

1. *Church Discipline: How the Church Protects the Name of Jesus* adlı kitabım (Crossway, 2012) bu cilde eşlik eden bir kitaptır. Disipline neden olabilecek çeşitli senaryolara nasıl yaklaşılacağını açıklar. 7. bölümün içeriğini daha da genişletir.

2. Bu kitabın konularının Kutsal Kitap ve teoloji açısından daha derin bir değerlendirmesi şu kitabımda bulunabilir: *The Church and the Surprising Offense of God's Love: Reintroducing the Doctrines of Church Membership and Discipline* (Crossway, 2010).

3. Thabiti Anyabwile, *What Is a Healthy Church Member?* (Crossway, 2008) adlı kitabıyla anlamlı üyelik yolunda harika bir derinlemesine bakış sunmaktadır.

4. Mark Dever'ın *Sağlıklı Bir Kilise Nedir?* (Crossway, 2007) adlı kitabını henüz okumadıysanız, sağlıklı bir kilisede nelere dikkat etmeniz gerektiğine dair harika bir giriş kitabını kaçırmış olursunuz.

5. Üyelik ve disiplin konularında bir dizi makale, kitap incelemesi, sesli röportajlar, kısa sorular ve cevaplar şu adreste bulunabilir: www.9Marks.org.

TEŞEKKÜRLER

Bir kez daha, bu çalışmayı destekledikleri için Mark Dever, Matt Schmucker ve Ryan Townsend'e çok teşekkürler. Bobby Jamieson da bu eseri okuyan ve iyi öneriler sunan ilk kişiydi. Teşekkürler kardeşlerim. Bu adamlardan ve 9Marks personelinin geri kalanından dolayı, işimi seviyorum.

Crossway, birlikte çalışması harika olan bir yayınevi. Teşekkürler, Al Fisher ve diğerleri.

Bu eserin ilk kopyasını okuyup değerlendiren ve katkı sunan Kendrick Kuo, Jeff Gearhart, Bill ve Jane Englund, Robert Cline ve Jeramie Rinne oldu. Dostlarım, size çok teşekkür ederim.

Her zaman olduğu gibi harika karım Shannon, kitabın içeriği konusunda destek ve fikir alışverişi için bir kaynak oldu. Senin için çok minnettarım, aşkım.

Son olarak, benim gibi isyankârların da olduğu bir kiliseyi satın almak için Oğlu'nu gönderdiği için Tanrı'ya şükrediyorum.

NOTLAR

1. Bölüm: Şimdiye Kadar Tamamen Yanlış Bir Yaklaşıma Sahip Olduk

1. Bu son iki noktanın da kesinlikle "gereklilik" olduğunu söylemezdim. Şunu söylerdim ki, vaftiz *normalde* üyeliğe götürmelidir ve Rab'bin Sofrası da *normalde* üyeler içindir.

2. Alıntıdır: Janet Coleman, *Against the State: Studies in Sedition and Rebellion* (New York: Penguin, 1990), 37.

3. Bölüm: Kilise Nedir? Kilise Üyesi Nedir?

1. Edmund P. Clowney, *The Church*, Contours of Theology (Downers Grove, IL: InterVarsity, 1995), 40.

4. Bölüm: Bir Kilise Ve Üyeleri Neye Benzer?

1. Walt Disney, *Pinocchio*, Ben Sharpsteen (yönetmen) (Burbank, CA: Walt Disney Studio, 1940), DVD.

2. *Back to the Future*, Robert Zemeckis (yönetmen) (Hollywood, CA: Universal Studios, 1985), DVD.

3. Dave Barry, *Dave Barry Slept Here: A Sort of History of the United States* (New York: Ballantine, 1997), 149.

4. T. S. Eliot, "The Waste Land" *Collected Poems 1909–1962* içinde (Boston: Faber & Faber, 1963), 63.

5. W. B. Yeats, "He Wishes for the Cloths of Heaven," *William Butler Yeats Selected Poems and Three Plays*, 3rd ed., M. L. Rosenthal (Ed.) (New York: Collier, 1986), 27.

7. Bölüm: Üyeler İsa'yı Temsil Etmediğinde Ne Olur?

1. David Gergen, "It's Not Can We, but Will We?" *U.S. News & World Report*, Eylül 24, 2001, 60.

IX 9Marks

Sağlıklı Kiliseler İnşa Etmek İçin

9Marks hizmeti, kilise önderlerini Kutsal Kitap'a bağlı bir vizyon ve kullanışlı kaynaklarla donatmak amacıyla, Tanrı'nın yüceliğini sağlıklı kiliseleri kullanarak dünyadaki bütün uluslara yansıtmak için kurulmuştur.

Bu doğrultuda, kiliselerde şu dokuz sağlık işaretini görmek istiyoruz:

1 Açıklayıcı Vaaz

2 Müjde Öğretisi

3 Kutsal Kitap'a Dayalı Mesih'e Dönme ve Müjdeleme Anlayışı

4 Kutsal Kitap'a Dayalı Kilise Üyeliği

5 Kutsal Kitap'a Dayalı Kilise Disiplini

6 Kutsal Kitap'a Dayalı Öğrenci Yetiştirme ve Büyüme Arzusu

7 Kutsal Kitap'a Dayalı Kilise Önderliği

8 Kutsal Kitap'a Dayalı Dua Uygulaması Anlayışı

9 Kutsal Kitap'a Dayalı Müjde Hizmetleri (Misyon) Anlayışı ve Uygulaması

9Marks'da bizler makaleler, kitaplar, kitap eleştirileri ve online makaleleri yayınlıyoruz. Web sitemiz çeşitli dilleri kapsıyor. Diğer dilleri görmek için lütfen şu linki ziyaret edin:

9marks.org/about/international-efforts

Türkçe: tr.9marks.org | İngilizce: 9marks.org